THEA COHEN

USA Kochbuch

WirmachenDruck.de
Sie sparen, wir drucken!

Email: info@edition-lunerion.de
www.edition-lunerion.de

Psiana eCom UG
Berumer Str. 44
26844 Jemgum

Vorwort

In den USA kommt nur Fast Food auf den Tisch? Da täuschen Sie sich aber gewaltig! Denn neben Burger-Superlativen hat das Riesenland eine einzigartige Vielfalt an unterschiedlichen Speisetraditionen zu bieten und mit diesem Kochbuch holen Sie sich die kulinarische Weite Amerikas ganz einfach in die heimische Küche.

Fettiger Burger, Riesensteak und dazu üppig Fries, Ketchup & Co.: So stellt man sich typisch amerikanisches Essen oft vor und ja, Fast Food gehört definitiv zum American Way of Life. Allerdings ist das längst nicht alles: Denn die zahlreichen internationalen Einflüsse haben den USA einzigartigen kulinarischen Reichtum beschert. Ob kreolischer Karibik-Einschlag in Florida, berühmte Barbecue-Schlemmereien, französisch geprägte Cajun-Küche im Mississippi-Delta, die legendäre Tex-Mex-Küche mit Burritos, Enchiladas & Co. entlang der südlichen Grenze, Köstlichkeiten aus den asiatischen Communitys oder die Fisch- und Gemüsespezialitäten der Weststaaten – Amerikas Schlemmerlandschaft ist so abwechslungsreich wie seine Bevölkerung und bietet Riesenauswahl für jeden Geschmack. Mit den Rezepten in diesem Buch kommen Veggies ebenso auf ihre Kosten wie erklärte Steak-Freaks und Fischfans und auch Naschkatzen schöpfen bei berühmten Dessertklassikern aus dem Vollen.

Guten Appetit!

INHALT

Enjoy your meal!

FRÜHSTÜCK, MITTAGESSEN, ABENDESSEN

Nicht selten kommen einem Gedanken an Fast Food, wenn man darüber nachdenkt, welche Gerichte für die amerikanische Küche bekannt sein könnten. Allerdings bietet die amerikanische Küche so viel Vielfalt, wie das Land auch landschaftlich zu bieten hat.

Ja, die Amerikaner lieben reichhaltige Frühstücke, sind dabei aber eher nicht so die Mittagesser. Das Abendessen stellt für viele Amerikaner die wichtigste Mahlzeit des Tages dar.

Das Frühstück gehört auch zur festen Tagesroutine. Hierbei gibt es zwei Varianten: das süße und das deftige Frühstück. Die süße Variante besticht durch süße Toasts, Cornflakes, Pfannkuchen oder Zimtschnecken. Die deftige Variante tischt Bohnen, Würstchen, Speck und gebratenen Schinken auf. Dazu werden gerne Eierspeisen gereicht. Eher selten findet man hier Quark, Müsli oder auch Brot und Obst auf dem Tisch.

Das Mittagessen wird gerne als kleiner Snack am Tag untergebracht und darf auch einfach einmal ein Sandwich sein. Das Abendessen in Amerika wird gerne als feste Routine mit der ganzen Familie eingenommen. Das Abendessen ist oft auch in der Zubereitung anspruchsvoller und häufig fällt es sehr reichhaltig aus.

EINFLÜSSE AUS ALLER WELT

Amerika hat auch in seiner Esskultur Einfluss aus ganz vielen anderen Ländern bekommen. Die Weststaaten essen gerne auch Fisch, Meeresfrüchte und Gemüse. In Ortschaften mit asiatischen Gemeinden findet man auch einige asiatische Gerichte in der bevorzugten Esskultur der Amerikaner. Die Südstaaten lieben Geflügel, Mais und Reis, wohingegen entlang des Mississippi-Deltas der Einfluss der französischen Kolonialzeit durch die Cajun-Küche spürbar wird. Hierzu gehören Meeresfrüchte und scharfe Gewürze, aber auch Reis, Süßkartoffeln, Bratensoßen und Bohnen. Die kreolische Esskultur aus der Karibik findet sich auch in Florida wieder: Obst, Curry, Gemüse und Meeresfrüchte. Die Tex-Mex-Küche ist in Texas bekannt, aber auch entlang der Grenze zu Mexiko. Fajitas, Burritos, Enchiladas, Tacos – diese Gerichte werden hier gerne gegessen.

VORLIEBE: BARBECUE

In Amerika liebt man es, zu grillen. Die Wochenenden sind hierfür perfekt geeignet und Grillen gilt als Hobby. Hierfür werden die ganze Familie und viele Freunde eingeladen und es ist ein kleines Fest des Schlemmens. Einige würden das amerikanische Barbecue als Kunstform beschreiben, da es mehr als nur Grillen sei. Es wird nämlich langsam gegart und hierbei werden vor allem größere Fleischstücke zubereitet. Diese Art der Zubereitung geht auf die Ureinwohner Westindiens zurück. Diese räucherten Fleisch über einer kleinen Feuerstelle, die sehr rauchintensiv war. In ihrer Landessprache nannten sie es barbacoa.

Breakfast

Frühstück

COCONUT FRENCH TOAST |

KOKOSNUSS-FRENCH-TOAST

4 Port. | 20 Min. | Leicht

Zutaten

Toastbrot
400 ml Kokosmilch
2 Bananen
Kokosöl
Zimt
Früchte nach eigenem Belieben

Nährwerte p. P.

346 kcal
24 g Kohlenhydrate
24 g Fett
4 g Eiweiß

1 Die Bananen schälen und mithilfe einer Gabel zerquetschen. Zimt und Kokosmilch untermengen.

2 Tunken Sie die Brotscheiben in die Bananen-Kokos-Mischung. Kokosöl in einer Pfanne erhitzen und das Brot darin rundherum anbraten.

3 Mit den Früchten servieren.

POPOVERS |

EIERGEBÄCK

12 Port. 30 Min. Leicht

Zutaten

250 ml Milch
15 g Butter (geschmolzen)
½ TL Meersalz
125 g Mehl
2 Eier

Nährwerte p. P.

83 kcal
10 g Kohlenhydrate
3 g Fett
2 g Eiweiß

1 Heizen Sie den Backofen auf 220 °C vor. Die Zutaten auf Zimmertemperatur bringen. Ein Muffin-Blech mit Butter einfetten.

2 Salz, Milch, Eier und geschmolzene Butter miteinander verrühren, das Mehl untermengen. Am besten mit den Händen zu einem Teig verkneten.

3 Die Muffin-Form 2 Minuten in den Backofen geben. Anschließend den Teig auf die Förmchen verteilen (⅔ gefüllt).

4 15 - 20 Minuten im Backofen backen lassen. Anschließend die Hitze auf 180 °C herunterdrehen. Keinesfalls die Backofentür öffnen. Weitere 20 Minuten backen lassen.

5 Warm aus der Form herausnehmen.

CARROT CAKE OVERNIGHT OATS |

KARROTENKUCHEN ÜBER NACHT

1 Port. 7 Min. Leicht

Zutaten

100 g Haferflocken
1 Möhre
2 EL Kokosflocken
240 ml Milch
1 TL Zimt
1 EL Ahornsirup
2 EL Walnüsse, gehackt

Nährwerte p. P.

751 kcal
89 g Kohlenhydrate
30 g Fett
25 g Eiweiß

1 Die geschälte Möhre ganz fein raspeln. Geben Sie alle Zutaten in eine gut verschließbare Dose, verrühren alles und lassen es über Nacht im Kühlschrank durchziehen.

2 Vor dem Verzehr nochmals gut durchrühren.

CINNAMON PORRIDGE |

ZIMT-HAFERBREI

1 Port. | 10 Min. | Leicht

Zutaten

180 ml Milch
35 g kernige Haferflocken
¼ TL Zimt

Nährwerte p. P.

334 kcal
47 g Kohlenhydrate
8 g Fett
11 g Eiweiß

1 Zimt, Haferflocken und Milch in einem Topf erhitzen und unter ständigem Rühren 8 Minuten köcheln lassen.

2 Bei Bedarf mit Zucker süßen und mit Früchten servieren.

EGG IN A HOLE |

EI IN EINEM LOCH

3 Port. 10 Min. Leicht

Zutaten

20 g Butter
100 g Toastbrot
150 g Bacon, in Streifen
3 Eier
Salz

Nährwerte p. P.

368 kcal
22 g Kohlenhydrate
28 g Fett
18 g Eiweiß

1 Die Toastbrote mit Butter bestreichen. Anschließend mit einem Glas Löcher in die Scheiben stechen.

2 Eine Pfanne erhitzen und die Brotscheiben inkl. der ausgestochenen Kreise mit der Butterseite nach unten hineinlegen. Jeweils ein Ei in die Löcher hineinschlagen.

3 Die Hitze auf die mittlere Stufe reduzieren. Die Eier stocken lassen und dann die Brote wenden.

4 Salzen und auf den Tellern anrichten. Die Deckel ebenfalls dazuservieren. Die Baconscheiben ohne Zugabe von Öl in der Pfanne kross braten.

PEANUTBUTTER GRANOLA |

ERDNUSSBUTTER-GRANOLA

1 Port. 10 Min. Leicht

Zutaten

½ TL Zimt
80 g Erdnussbutter
70 g Honig
170 g Haferflocken

Nährwerte p. P.

1.349 kcal
166 g Kohlenhydrate
52 g Fett
43 g Eiweiß

1 Heizen Sie den Backofen auf 160 °C vor und belegen Sie ein Backblech mit Backpapier.

2 Erdnussbutter mit Honig in einem Topf langsam zum Schmelzen bringen. Hin und wieder umrühren. Erst wenn alles geschmolzen ist, den Zimt unterrühren. Die Haferflocken ebenfalls dazugeben, bis sie komplett von der Erdnussbutter überdeckt sind.

3 Abschließend diese Flocken auf dem Backblech verstreichen und 6 Minuten backen. Gut auskühlen lassen.

BAGELBURGER WITH EGG

2 Port. 35 Min. Leicht

Zutaten

2 Bagel
2 Frühlingszwiebeln
100 g Frischkäse
4 Eier
8 Streifen Bacon
1 Avocado
1 Tomate
100 g Cheddar
1 Spritzer Zitronensaft
Pfeffer und Salz

Nährwerte p. P.

1.299 kcal
77 g Kohlenhydrate
85 g Fett
48 g Eiweiß

1 Den Bacon ohne Zugabe von Öl in einer Pfanne kross braten. Heizen Sie den Backofen auf 180 °C und Ober-/Unterhitze vor.

2 Die Frühlingszwiebeln in feine Ringe schneiden und den Zitronensaft mit Frischkäse verrühren. Schneiden Sie die Tomate in feine Scheiben. Das Ei verquirlen, pfeffern und salzen und in einer Pfanne anbraten.

3 Die Bagel aufschneiden, den Deckel mit Käse bestreuen und alle Bagelteile im Backofen 5 Minuten backen.

4 Das Avocadofleisch zerdrücken. Die Bagel mit Avocado und Frischkäse bestreichen, Tomaten, Bacon und Rührei auflegen. Mit Käse bestreuen. Den Deckel auflegen und genießen.

DUTCH BABY PANCAKES |

PFANNKUCHEN

2 Port. 30 Min. Leicht

Zutaten

1 EL Zucker
5 Eier
170 ml Milch
1 Pck. Vanillezucker
1 Prise Salz
1 EL Butter
200 g frische Beeren
100 g Mehl
Puderzucker

Nährwerte p. P.

531 kcal
60 g Kohlenhydrate
21 g Fett
20 g Eiweiß

1 Heizen Sie den Backofen auf Ober-/Unterhitze und 200 °C vor. Eine Auflaufform oder eine feuerfeste Pfanne hineinstellen. Sobald der Backofen auf Temperatur ist, kann der Teig zubereitet werden.

2 Salz, Eier, Vanillezucker und Zucker miteinander verquirlen. Eine Schüssel mit Mehl füllen und die Eiermischung und die Milch unter stetigem Rühren dazugeben. 5 Minuten ruhen lassen.

3 Die Auflaufform aus dem Backofen nehmen und Butter darin schmelzen lassen. Gießen Sie den Teig hinein und lassen das Ganze 20 Minuten backen.

4 Die gewaschenen Beeren bei Bedarf halbieren, den Pfannkuchen damit belegen und mit Puderzucker bestreuen.

Salads

Salate

COLESLAW |

KRAUTSALAT

4 Port. | 1 Std. 45 Min. | Mittel

Zutaten

½ Kopf Weißkraut
250 g Möhren
1 Prise Pfeffer
1 TL Salz
1 EL Dill
1 Zwiebel

Dressing

1 EL Zucker
1 EL Mayonnaise
400 g Sauerrahm
1 Schuss Zitronensaft
2 EL Weinessig

Nährwerte p. P.

340 kcal
16 g Kohlenhydrate
27 g Fett
4 g Eiweiß

1 Den Weißkrautkopf ganz fein hobeln und mit Salz 1,5 Stunden durchziehen lassen.

2 Das Kraut mit den Händen kräftig ausdrücken, die gewaschenen Möhren ebenfalls hobeln. Die geschälte Zwiebel in feine Würfel schneiden. Möhren und Zwiebeln zum Kraut geben.

3 Zucker, Zitronensaft, Mayonnaise, Sauerrahm und Essig zu einem Dressing verrühren. Das Dressing zum Kraut geben und gut vermengen.

4 Salzen und pfeffern und 3 Stunden abgedeckt im Kühlschrank ziehen lassen. Mit Dill garnieren.

NOODLE SALAD |

NUDELSALAT

4 Port. 20 Min. Leicht

Zutaten

1 - 2 Gläser Mais-Gemüse-Relish
300 g Nudeln
Öl
150 ml Sahne
4 EL Petersilie und Schnittlauch, gehackt
4 EL Ananasstücke
300 g Putenfleisch
Jeweils 1 TL Pfeffer, Salz und Chili

Nährwerte p. P.

912 kcal
96 g Kohlenhydrate
27 g Fett
59 g Eiweiß

1 Bereiten Sie die Nudeln nach Anleitung zu.

2 Das Fleisch in kleine Würfel schneiden. Öl in einer Pfanne erhitzen und das Fleisch darin anbraten. Pfeffer, Salz, Chili und Sahne verrühren und mit dem Relish vermengen.

3 Nudeln, Fleisch, Ananas und Kräuter miteinander vermischen. Das Relish dazugeben und erneut durchmengen.

AMBROSIA SALAD |

OBSTSALAT

4 Port. 25 Min. Leicht

Zutaten

100 g Cocktailkirschen
4 Mandarinen
½ Ananas
74 Mini Marshmallows
75 g Pekannüsse
2 Orangen
50 g Kokoschips
1 Pck. Vanillezucker
200 ml Schlagsahne

Nährwerte p. P.

1.258 kcal
118 g Kohlenhydrate
78 g Fett
11 g Eiweiß

1 Die Ananas in kleine Würfel schneiden, die geschälten Mandarinen in Spalten abtrennen, die Orange ebenfalls in Würfel schneiden. Sieben Sie die Kirschen gut ab.

2 Hacken Sie die Pekannüsse grob und geben diese in eine Pfanne. Kokoschips unterrühren und ohne Öl rösten. Marshmallows, Nussmischung und Früchte miteinander vermengen und in Schälchen anrichten.

3 Zucker und Sahne aufschlagen und den Salat damit garnieren.

SWEET POTATO SALAD |

SÜẞKARTOFFELSALAT

4 Port. | 30 Min. | Leicht

Zutaten

600 g Süßkartoffeln
1 Mango
1 Lauchzwiebel
1 Papaya
5 Petersilienstängel
2 Zwiebeln
1 Flasche Fruity-Curry-Sauce

Dressing
5 EL Balsamico, weiß
1 Knoblauchzehe
5 EL Olivenöl
1 Prise Chili-Gewürzsalz
Zucker

Nährwerte p. P.

818 kcal
99 g Kohlenhydrate
40 g Fett
7 g Eiweiß

1 Wasser zum Kochen bringen, die Süßkartoffeln darin weich kochen. Pellen und klein schneiden.

2 Alle Früchte schälen und ebenfalls in kleine Würfel schneiden. Die Lauchzwiebel in dünne Ringe schneiden und die geschälten Zwiebeln klein schneiden. Petersilie hacken.

3 Den Knoblauch fein hacken und mit Zucker, Gewürzsalz, Balsamico und Olivenöl verrühren. Die Süßkartoffelstücke mit diesem Dressing vermengen. Zwiebeln, Lauch und Früchte dazugeben und alles ziehen lassen.

4 Auf Schälchen verteilen, Curry-Sauce darüberträufeln und mit Petersilie bestreuen.

TACO SALAD |

TACO-SALAT

4 Port. 30 Min. Leicht

Zutaten

2 Knoblauchzehen
500 g Rinderhackfleisch
1 Zwiebel
180 g passierte Tomaten
1 Dose Kidneybohnen
3 Tomaten
150 g saure Sahne
60 g Cheddar, gerieben
½ Eisbergsalat
Pfeffer und Salz
Öl

Nährwerte p. P.

740 kcal
37 g Kohlenhydrate
30 g Fett
73 g Eiweiß

1 Die Zwiebel sowie den Knoblauch fein hacken. Beides in heißem Öl glasig dünsten.

2 Das Hackfleisch dazugeben und scharf anbraten. Salzen, pfeffern und mit den passierten Tomaten aufgießen. Die Kidney Bohnen abtropfen lassen und untermengen. Tomaten in kleine Würfel schneiden, den Salat waschen und klein schneiden.

3 Die Salat-Schälchen nun wie folgt füllen: Salat, Hackfleisch, Tomaten, saure Sahne darübergießen und mit Cheddar bestreuen.

AMERICAN POTATO SALAD |
KARTOFFELSALAT

10 Port. 40 Min. Leicht

Zutaten

5 Eier
2 kg Kartoffeln, festkochend
2 Paprika, rot
3 Stangen Staudensellerie
3 Frühlingszwiebeln
3 Gewürzgurken

Marinade
2 TL Senf
400 ml Mayonnaise
1 ½ TL Zucker
150 ml saure Sahne
Pfeffer und Salz

Nährwerte p. P.

525 kcal
38 g Kohlenhydrate
36 g Fett
8 g Eiweiß

1 Die geschälten Kartoffeln in kleine Würfel schneiden und 15 Minuten gar kochen. Abseihen und gut abtropfen lassen. Die Eier hart kochen und anschließend pellen und klein schneiden.

2 Verrühren Sie die Mayonnaise, Senf, Salz, Zucker, Pfeffer und saure Sahne zu einer Marinade. Mengen Sie die Eier bei und geben abschließend das geschnittene Gemüse dazu.

3 Die handwarmen Kartoffeln als Letztes unterrühren und im Kühlschrank durchziehen lassen.

CAESAR SALAD |

CÄSAR SALAT

2 Port. | 10 Min. | Leicht

Zutaten

1 TL Zucker
Je ½ TL Salz und Pfeffer
100 g Mayonnaise
1 Zitrone (Saft davon)
50 ml Buttermilch
3 Tomaten
½ Knoblauchzehe
1 Kopfsalat
2 Hähnchenbrustfilets
1 Zwiebel
1 Paprika
50 g Parmesan
5 Scheiben Toastbrot
Paprikapulver, edelsüß
Öl

Nährwerte p. P.

955 kcal
41 g Kohlenhydrate
55 g Fett
69 g Eiweiß

1 Das Fleisch mit Paprikapulver, Salz und Pfeffer würzen und in heißem Öl in einer Pfanne anbraten.

2 Das Brot würfeln und in einer Pfanne mit ein wenig Öl rösten. Zucker, Zitronensaft, Mayonnaise, Buttermilch, Pfeffer, Salz und gehackten Knoblauch miteinander verrühren.

3 Den Salat waschen und klein schneiden. Tomaten und Paprika in kleine Würfel schneiden. Die geschälte Zwiebel fein hacken. Das gebratene Fleisch in kleine Stücke schneiden.

4 Richten Sie den Salat und das Gemüse an, geben das Dressing darüber und garnieren alles mit den Brotcroûtons und dem Parmesan.

Soups

Suppen

CORN CHOWDER |

MAISSUPPE

8 Port. | 1 Std. 10 Min. | Mittel

Zutaten

2 Knoblauchzehen
500 ml Wasser
1 l Gemüsebrühe
2 Zwiebeln
1 EL Butter
1 EL Öl
1 Spitzpaprika, rot
1 rote Chili
500 g Kartoffeln, festkochend
2 EL Crème fraîche
1 Bund Koriander
¼ TL Kümmel
½ TL Chilipulver
1 Lorbeerblatt
6 Maiskolben
Meersalz, Pfeffer
Saft von ½ Limette

Nährwerte p. P.

418 kcal
62 g Kohlenhydrate
10 g Fett
17 g Eiweiß

1 Die Maiskolben säubern und die Körner abschneiden.

2 In einem großen Topf Butter und Öl auf mittlerer Stufe erhitzen. Kartoffeln schälen und würfeln, die Chili entkernen und hacken, die Zwicbel ebenfalls klein schneiden und die Spitzpaprika waschen und würfeln.

3 Diese Zutaten gemeinsam mit den Maiskörnern, Kümmel und Chilipulver vermengen und salzen. Ca. 10 Minuten kochen und hin und wieder umrühren.

4 Den Knoblauch hacken und untermengen. Anschließend mit Wasser und Brühe ablöschen und das Lorbeerblatt dazugeben.

5 Die Suppe aufkochen lassen, Hitze herunterdrehen und 20 Minuten köcheln lassen. Nehmen Sie das Lorbeerblatt heraus und pürieren Sie die Suppe.

6 Koriander hacken und gemeinsam mit Limettensaft und Crème fraîche unterrühren. Salzen und pfeffern.

CHEESEBURGER SOUP |

CHEESBURGER SUPPE

4 Port. 20 Min. Leicht

Zutaten

2 Zwiebeln
800 g Rinderhackfleisch
3 Gewürzgurken, gewürfelt
5 Tomaten, gewürfelt
4 TL Paprikapulver, edelsüß
1 EL Senf
4 EL Ketchup
150 g Schmand
100 g Schmelzkäse
Pfeffer und Salz
1,2 l Gemüsebrühe
Öl

Suppeneinlage
1 EL Öl
2 Burger Buns
1 EL Butter
Salz

Nährwerte p. P.

538 kcal
15 g Kohlenhydrate
30 g Fett
49 g Eiweiß

1 Öl in einer Pfanne erhitzen und das Hackfleisch darin scharf anbraten. Die Zwiebel schälen, fein würfeln und zum Hackfleisch geben. 3 Minuten braten.

2 Gurken, Tomaten und Brühe hinzufügen und 30 Minuten sachte köcheln lassen. Drehen Sie die Temperatur herunter, geben den Schmelzkäse, Ketchup, Schmand, Salz, Pfeffer, Paprikapulver und Senf dazu.

3 Schneiden Sie die Buns in Würfel. Butter und Öl in einer Pfanne erhitzen und ein wenig salzen. Die Burgerwürfel hinzugeben und rösten.

4 Die Suppe servieren und mit Buns garnieren.

CLAM CHOWDER |

MUSCHELSUPPE

4 Port. 1 Std. Leicht

Zutaten

500 g Muscheln
1 Zwiebel
500 g Kartoffeln, mehligkochend
50 g Putenspeck
2 EL Dinkelmehl
2 EL Butter
½ Bund Petersilie
350 ml Milch
150 ml Schlagsahne
Salz und Pfeffer
200 ml Wasser

Nährwerte p. P.

882 kcal
69 g Kohlenhydrate
44 g Fett
47 g Eiweiß

1 Die Muscheln säubern und alle Muscheln, die bereits geöffnet sind, aussortieren.

2 Einen Topf mit 200 ml Wasser füllen, die Muscheln hineingeben und 5 Minuten bei hoher Hitze kochen lassen. Die Muscheln sollen alle geöffnet sein. Muscheln, die sich nicht öffnen, entsorgen. Den Sud durch ein Sieb schütten.

3 Die geschälten Kartoffeln in kleine Würfel schneiden, Salzwasser zum Kochen bringen und 15 Minuten gar kochen.

4 Die geschälte Zwiebel in Würfel schneiden, den Speck in Streifen. In einem Topf die Butter schmelzen lassen und Speck und Zwiebeln darin anbraten. Geben Sie Mehl darüber und schwitzen alles an, dabei mehrmals umrühren.

5 Den Sud, Milch und 200 ml Wasser dazugeben und zum Kochen bringen. Anschließend 5 Minuten sachte köcheln lassen.

6 Seihen Sie die Kartoffeln ab und zerdrücken Sie die Hälfte mit einer Gabel und geben dieses Püree mit den Muscheln, der Sahne und den restlichen Kartoffelwürfeln zur Suppe.

7 Die Petersilienblätter hacken, die Suppe salzen und pfeffern und nach dem Servieren mit Petersilie bestreuen.

CAULIFLOWER SOUP |

BLUMENKOHLSUPPE

4 Port. | 30 Min. | Leicht

Zutaten

1 EL Olivenöl
¼ Tasse Sellerie, gewürfelt
½ Tasse Zwiebeln, gewürfelt
¼ TL Salz
240 ml Wasser
240 ml Sahne
3 ½ Tassen Blumenkohlreis

Belag
2 TL Pinienkerne
1/8 TL Chiasamen
1 TL Sonnenblumenkerne
1 TL gehackte Petersilie

Nährwerte p. P.

304 kcal
11 g Kohlenhydrate
28 g Fett
5 g Eiweiß

1 Öl in einem Topf erhitzen. Sellerie und Zwiebeln hineingeben und die Hitze reduzieren. Salz dazugeben und gut vermengen.

2 Den Blumenkohlreis hinzufügen und so lange kochen, bis alles aufgetaut ist. Mit Wasser und Sahne ablöschen und kurz aufkochen lassen. Die heiße Mischung mit einem Mixer glatt mixen. Bei Bedarf salzen.

3 Sonnenblumenkerne und Pinienkerne ohne Zugabe von Öl in einer Pfanne rösten. Petersilie und Chiasamen beimengen.

4 Die Suppe auf Schüsseln verteilen und mit den Nüssen garnieren.

Bread & Sandwiches

Brot & Sandwiches

CARAWAY RYE BREAD |

KÜMMELBROT

1 Port. | 1,5 Std. | Leicht

Zutaten

10 g Zucker
15 g frische Hefe
230 ml Wasser, lauwarm
10 g Salz
300 g Weizenmehl
2 EL Kümmel
110 g Roggenmehl, Typ 1150
100 saure Sahne

Nährwerte p. P.

1.630 kcal
304 g Kohlenhydrate
19 g Fett
49 g Eiweiß

1 Hefe, Zucker, Roggenmehl und Wasser in einer Schüssel miteinander verrühren und 20 Minuten aufgehen lassen.

2 Alle übrigen Zutaten dazugeben und mithilfe von Knethaken zu einem Teig verarbeiten. Den Teig abdecken und 1 Stunde gehen lassen (an einen warmen Ort stellen).

3 Den Teig zu einem ovalen Laib formen. Ein Gärkörbchen mit Mehl bestäuben, es reicht aber auch eine gefettete 30er-Kastenform. Erneut 1 Stunde ruhen lassen.

4 Heizen Sie den Backofen auf Ober-/Unterhitze und 200 °C vor. Den Teig schräg an der Oberfläche einschneiden und etwas Kümmel darauf verteilen.

5 Auf der zweiten Schiene von unten 40 Minuten backen.

CINNAMON-RAISIN-BAGEL |

ZIMT-ROSINEN-BAGEL

8 Port. 1,5 Std. Mittel

Zutaten

100 ml Wasser, lauwarm
500 g Mehl, Typ 550
2 TL Trockenhefe
100 g Rosinen
1 ½ EL Zimt
1 Prise Salz
1 ½ EL Honig
2 l Wasser

Nährwerte p. P.

476 kcal
95 g Kohlenhydrate
3 g Fett
13 g Eiweiß

1 100 ml warmes Wasser und Trockenhefe 5 Minuten aufgehen lassen.

2 Mehl in eine Schüssel geben, 1 Prise Salz ebenfalls dazugeben und in der Mitte eine Mulde formen und die angerührte Hefemischung einfüllen. Anschließend zu einem Teig verkneten. Die Rosinen unterheben.

3 Bestreuen Sie eine Arbeitsfläche mit Zimt und arbeiten dies in den Teig ein.

4 Den Teig abdecken und an einen warmen Ort stellen. 1 Stunde ruhen lassen. Drücken Sie den Teig dann flach und lassen ihn nochmals 10 Minuten gehen.

5 8 Kugeln portionieren, mittig ein Loch drücken und dieses vorsichtig vergrößern, bis man einen Bagel-Durchmesser erreicht.

6 Eine Ablage mit Mehl bestäuben und die Bagel darauflegen, zudecken und 30 Minuten gehen lassen.

7 Heizen Sie den Backofen auf Ober-/Unterhitze und 200 °C vor. Belegen Sie ein Backblech mit Backpapier.

8 Bringen Sie einen großen Topf mit 2 l Wasser zum Kochen und rühren Sie anschließend Honig hinein. 2 Bagel hineingleiten lassen. 1 Minute pro Seite ziehen lassen. Bagel abschöpfen, auf das Backblech legen und 20 Minuten im Backofen backen.

BAGEL

12 Port. 55 Min. Mittel

Zutaten

450 g Mehl
275 ml Wasser, lauwarm
1 Pck. Trockenhefe
50 g Weizenstärke (Epifin)
1 Eiweiß
3 TL Rohrzucker
2 - 3 l Wasser
1 Eigelb
1 EL Milch
Hagelsalz
Sesam- und Mohnsamen

Nährwerte p. P.

156 kcal
31 g Kohlenhydrate
1 g Fett,
g Eiweiß

1 Belegen Sie ein Backblech mit Backpapier. Den Backofen auf Umluft und 180 °C vorheizen.

2 Hefe, Epifin und Mehl in einer Schüssel vermischen. Rohrzucker und Weizenstärke untermengen und mit einem Handrührgerät und Knethaken verkneten. Zugedeckt bis zu 2 Stunden an einem warmen Platz gehen lassen.

3 Nehmen Sie den Teig heraus, formen eine Rolle und trennen anschließend 12 Stücke ab. Die kleinen Teiglinge zu Kugeln formen. Ein Geschirrtuch anfeuchten und über die Kugeln legen.

4 Eine große Pfanne mit 2-3 l Wasser füllen und aufkochen lassen. Bemehlen Sie Ihre Finger und drücken mittig in die Kugeln ein Loch bis zur Arbeitsfläche. Mit dem Finger kreisförmig den Teig ausweiten (⅓ des gesamten Durchmessers). Das Wasser nur noch leicht köcheln lassen und die Bagel hineingeben und 1 Minute ziehen lassen. Abschöpfen und auf das Backblech legen.

5 Milch und Eigelb miteinander verquirlen und mit einem Pinsel auf die Bagel auftragen. Mit Salz, Sesam und/oder Mohn bestreuen. 15 Minuten backen.

COCA-COLA BREAD |

COCA-COLA BROT

1 Port. | 4 Std. | Mittel

Zutaten

420 g Mehl, Typ 550
2 EL Coca-Cola
45 ml Rapsöl
5 g Salz
20 g frische Hefe
Hagelzucker
4 EL Milch

Nährwerte p. P.

1.982 kcal
326 g Kohlenhydrate
51 g Fett
46 g Eiweiß

1 Mehl in eine Schüssel füllen und eine Mulde mittig eindrücken. Hier die Hefe hineinbröseln, 2 EL Coca-Cola darübergeben und 10 Minuten ruhen lassen.

2 Öl und Salz in die Schüssel geben und mit den Knethaken des Handrührgeräts verkneten. Abdecken und 2 Stunden aufgehen lassen.

3 Heizen Sie den Backofen auf Ober-/Unterhitze und 190 °C vor, belegen Sie ein Backblech mit Backpapier. Teilen Sie den Teig in 3 Stränge und formen hieraus einen Zopf. Diesen auf das Backblech legen und erneut 30 Minuten ruhen lassen.

4 Den Teigzopf mit Milch einpinseln und mit Hagelzucker bestreuen. 35 Minuten backen.

NEW YORK CLUB SANDWICHES

4 Port. | 40 Min. | Mittel

Zutaten

2 Eier
2 EL Öl
Pfeffer und Salz
150 g Hähnchenbrustfilets
120 g Frühstücksspeck
300 g Tomaten
12 Scheiben Vollkorn-Toastbrot
1 EL Senf
150 g Eisbergsalat
½ TL Zitronensaft
200 g Salat-Mayonnaise

Nährwerte p. P.

674 kcal
44 g Kohlenhydrate
46 g Fett
25 g Eiweiß

1 Die Eier hart kochen, das gewaschene Fleisch salzen und pfeffern.

2 Den Backofen auf Umluft und 125 °C vorheizen. Erhitzen Sie 1 EL Öl in einer Pfanne und braten das Fleisch darin rundherum scharf an. Die Eier pellen. Das Fleisch auf das Backblech legen und 10 Minuten in den Backofen schieben. Die Eier in Scheiben schneiden.

3 Erneut Öl in der Pfanne erhitzen. Den Speck darin auslassen. Das Toastbrot toasten und warm halten. Die gewaschenen Tomaten in feine Scheiben schneiden, die Salatblätter abzupfen und ebenfalls waschen. Verrühren Sie den Senf mit der Mayonnaise und würzen mit Pfeffer, Zitronensaft und Salz.

4 Das Fleisch in feine Scheiben schneiden. Die Brotscheiben mit der Mayonnaise bestreichen. Den Salat auf 4 Toastbrotscheiben verteilen, dann das Fleisch darauflegen und anschließend eine Brotscheibe. Nun im Wechsel die Eier und die Tomaten auflegen, 2 Scheiben Speck daraufgeben und mit einer Brotscheibe abschließen. Schräg durchschneiden und mit Holzspießen festigen.

PASTRAMI SANDWICHES

4 Port. | 15 Min. | Leicht

Zutaten

4 EL Mayonnaise
1 TL Senf
1 EL Tomatenmark
1 TL Worcestershiresauce
8 Scheiben Toastbrot
1 Pck. Mozzarella
12 Scheiben Sandwichgurken
Paprikapulver, Salz, Pfeffer, Zucker
200 g Krautsalat
200 g Pastrami

Nährwerte p. P.

458 kcal
50 g Kohlenhydrate
22 g Fett
11 g Eiweiß

1 Tomatenmark, Mayonnaise, Senf und Worcestershiresauce miteinander verrühren und mit Zucker, Paprikapulver, Salz und Pfeffer würzen. Den Mozzarella in feine Scheiben schneiden.

2 Die Toastbrotscheiben toasten und mit der Sauce bestreichen und mit dem Pastrami, den Sandwich-Gurken, Mozzarella und Krautsalat belegen. Mit einer Brotscheibe abschließen.

PHILLY CHEESE STEAK SANDWICH

2 Port. 45 Min. Leicht

Zutaten

1 Paprika, grün
300 g Rib-Eye-Steak
Pfeffer und Salz
1 Zwiebel
4 Scheiben Cheddar
1 Baguette, breit
2 EL Öl

Nährwerte p. P.

856 kcal
76 g Kohlenhydrate
38 g Fett
47 g Eiweiß

1 Legen Sie das Steak für 20 Minuten ins Gefrierfach.

2 Die geschälte Zwiebel in feine Streifen schneiden, die Paprika ebenfalls ganz dünn in Streifen schneiden. Das Fleisch wieder herausnehmen und auch dieses in dünne Streifen schneiden.

3 1 EL Öl in einer Pfanne erhitzen und das Gemüse hineingeben. Pfeffern, salzen und leicht andünsten. Anschließend herausnehmen und nochmals 1 EL Öl erhitzen.

4 Nun das Fleisch hineingeben, mit Pfeffer und Salz würzen und mit einem Kochlöffel das Fleisch weich klopfen. Verteilen Sie das Fleisch gleichmäßig an den Rand. Das Gemüse dazugeben, ebenfalls auf die Seiten verteilen und den Käse darüberstreuen.

5 Das Baguette in Sandwichstücke schneiden (zweimal gleich groß) und in einer weiteren Pfanne ein wenig erwärmen.

6 Ist der Käse geschmolzen, kann alles auf die Sandwichhälften verteilt werden.

Meatery & Poultry Dishes

Fleisch & Geflügel

SANDWICH LASAGNE

5 Port. | 45 Min. | Mittel

Zutaten

2 EL Butter
1 EL Mehl
2 Knoblauchzehen, gehackt
500 ml Milch
1 TL Oregano
150 g Mozzarella, gerieben
2 Mozzarella, gewürfelt
¼ TL Muskatnuss
Kochschinken
500 g passierte Tomaten
1 Zwiebel, gehackt
Salz und Pfeffer
1 Pck. Toastbrot

Nährwerte p. P.

575 kcal,
55 g Kohlenhydrate
26 g Fett
29 g Eiweiß

1 Die Toastbrotscheiben halbieren. Die Zwiebel- und Knoblauchwürfel in heißem Öl in einer Pfanne glasig dünsten. Mit den Tomaten ablöschen und mit Salz, Oregano und Pfeffer abschmecken. Die Soße kann an die Seite gestellt werden.

2 Den Backofen auf 190 °C und Ober- /Unterhitze vorheizen.

3 Die Butter in einem Topf schmelzen lassen und das Mehl einrühren. 1 Minute unter stetigem Rühren anschwitzen lassen. Mit Milch aufgießen und weiterhin rühren, bis es einmal aufgekocht ist. Pfeffer, Salz und Muskat dazugeben.

4 Eine Auflaufform nun mit ein wenig Tomatensoße füllen, darauf Brote verteilen und erneut Tomatensoße darübergeben. Mit dem gewürfelten Mozzarella belegen, Schinken und Béchamelsauce schichten und wieder mit Brot weitermachen usw. Die abschließende Schicht sollte der gerieben Mozzarella sein. 20 Minuten im Backofen backen.

MEAT LOAF |

HACKBRATEN

8 Port. | 1 Std. 25 Min. | Leicht

Zutaten

250 g Rinderhackfleisch
260 g Fleischwurst
200 g Hackfleisch vom Kalb
50 g Speck
1 Zwiebel
4 Schalotten
1 Knoblauchzehe
50 g Essiggurken
300 g Semmelbrösel
1 TL Senf
3 TL Worcestershiresauce
130 g Ketchup
50 g Schmand
1 Prise Salz und Pfeffer
100 g Speckscheiben, geräuchert
Öl

Nährwerte p. P.

422 kcal
33 g Kohlenhydrate
21 g Fett
23 g Eiweiß

1 Den Backofen auf Ober-/Unterhitze und 200 °C vorheizen.

2 Die Zwiebel und den Knoblauch schälen und in feine Würfel schneiden. Öl in einer Pfanne heiß werden lassen und die Zwiebeln darin dünsten.

3 Schneiden Sie die Gurken in ganz feine Scheiben und hacken Sie den Speck. Alle Zutaten, bis auf den geräucherten Speck und 50 g Ketchup, miteinander vermengen.

4 Den Braten in eine Auflaufform geben und 30 Minuten in den Ofen geben.Holen Sie die Form heraus und legen die Speckscheiben darauf. Anschließend mit dem übrigen Ketchup einpinseln. Erneut weitere 30 Minuten backen.

SLOPPY JOE

2 Port. | 20 Min. | Leicht

Zutaten

4 EL Öl
350 g Rinderhackfleisch
1 Zwiebel
130 g Ketchup
2 Burgerbrötchen
6 EL Worcestershiresauce
Pfeffer und Salz

Nährwerte p. P.

541 kcal
28 g Kohlenhydrate
29 g Fett
39 g Eiweiß

1 Die Zwiebel schälen und in dickere Scheiben schneiden. Würzen Sie das Hackfleisch mit Pfeffer und Salz und kneten es gut durch.

2 2 EL Öl in einer Pfanne erhitzen und die Zwiebeln darin scharf anbraten. Salzen und pfeffern und aus der Pfanne nehmen.

3 Erneut 2 EL Öl in der Pfanne erhitzen und das Hackfleisch scharf anbraten. Die Worcestershiresauce darübergeben, Ketchup einrühren und bei geringer Hitze einkochen lassen.

4 Heizen Sie den Backofen auf Umluft und 200 °C vor. Auf der zweiten Schiene von unten die Brötchen aufbacken.

5 Das Hackfleisch auf der unteren Brötchenhälfte verteilen, mit Zwiebeln belegen und den Brötchendeckel auflegen.

HONEY TURKEY |

GLASIERTER TRUTHAHN

8 Port. 20 Min. Leicht

Zutaten

100 g Maronen, vakuumiert
150 g Zwiebelbaguette
7 EL Whiskey
3 Äpfel
2 Stiele Beifuß
250 ml Apfelsaft
50 g Butter, geschmolzen
2 EL Speisestärke
1 TL Honig, flüssig
1 Bund Suppengemüse
1 Truthahn, küchenfertig
4 EL Öl
Pfeffer und Salz
500 ml Wasser

Nährwerte p. P.

590 kcal
14 g Kohlenhydrate
15 g Fett
94 g Eiweiß

1 Maronen und Baguette in Würfel schneiden. 2 Äpfel waschen, entkernen und ebenfalls in kleine Stücke schneiden. Die Beifuß-Blätter hacken. Die vorbereiteten Zutaten mit 1 TL Salz und 2 EL Whiskey vermengen. Den Truthahn waschen und die Füllung hineingeben. Den letzten Apfel in die Öffnung geben.

2 Heizen Sie den Backofen auf 160 °C und Umluft vor. Das Suppengemüse grob schneiden. Geben Sie das Gemüse in eine tiefe Fettpfanne und legen Sie den Truthahn darauf. Bepinseln Sie den Truthahn mit 3 EL Öl und decken ihn mit einer Alufolie zu.

3 Für 2 Stunden und 15 Minuten in den Backofen geben, nach 60 Minuten mit 300 ml Wasser aufgießen.

4 Nehmen Sie die Folie ab und bestreichen den Truthahn mit Butter. Keine Folie mehr darüberlegen und 45 Minuten garen. Den Bratensud alle 10 Minuten über das Fleisch träufeln. Die Temperatur auf 200 °C hochdrehen.

5 1 TL Salz, Honig, 1 EL Öl und 2 EL Whiskey vermengen und den Truthahn damit bepinseln und nochmals 10 Minuten braten.

6 Geben Sie den Truthahn auf eine Platte und decken ihn nochmals zu. 15 Minuten ruhen lassen.

7 Den Bratensatz mit 200 ml heißem Wasser angießen und alles durch ein Sieb geben. Mit dem Apfelsaft zum Kochen bringen. 4 EL Wasser und Stärke verrühren und in die Soße geben, 2 Minuten kochen. Mit Pfeffer, Salz und 3 EL Whiskey würzen.

CHICKEN POT PIE |

HÜHNERPASTETE

6 Port. 55 Min. Leicht

Zutaten

200 g Pastinaken
500 g Hähnchenbrustfilets
200 g Rosenkohl
200 g Möhren
200 g Steckrüben
200 ml Hühnerbrühe
1 Schalotte
2 EL Butter
1 EL Senf, körnig
2 EL Weizenmehl
Jeweils 1 Prise Salz, Pfeffer, Muskat
1 TL Kümmel
4 Thymianstiele
600 g Quicheteig, aus dem Kühlregal
2 EL Olivenöl
1 Spritzer Zitronensaft

Nährwerte p. P.

572 kcal
47 g Kohlenhydrate
29 g Fett
26 g Eiweiß

1 Den Backofen auf Ober-/Unterhitze und 200 °C vorheizen.

2 Das Fleisch gut abspülen und trocken tupfen. Grob schneiden. Den Rosenkohl abwaschen und halbieren. Die Möhren, die Pastinaken und die Steckrüben schälen und in dünne Scheiben schneiden. Alles in einen Topf mit Wasser geben (das Gemüse sollte ganz bedeckt sein) und 20 Minuten kochen lassen. Abseihen.

3 Die geschälte Schalotte fein hacken. Einen Topf mit Butter erhitzen und die Schalotten darin dünsten. Mehl hinzurühren und mit Milch und Brühe ablöschen. Einmal aufkochen lassen. Mit Kümmel, Muskat, Pfeffer, Salz, Senf und Zitronensaft würzen.

4 ⅔ des Teiges in einer Auflaufform auslegen. Die Gemüse-Fleisch-Mischung mit Soße verrühren und auf dem Teig verteilen. Den übrigen Teig in 2 cm starke Streifen schneiden und als Gitter auf die Tarte verteilen. Den Thymian fein hacken und mit Öl verrühren. Diese Mischung über das Teiggitter träufeln. 25 Minuten backen.

PHILADELPHIA CHEESE STEAK

4 Port. | 1 Std. 35 Min. | Leicht

Zutaten

300 g Steak
Je 1 Paprika, rot und grün
1 Zwiebel
2 EL Weißweinessig
2 EL Sonnenblumenöl
8 Scheiben Käse
Salz und Pfeffer
4 weiche Brötchen
50 g Mozzarella, gerieben
Ketchup und Senf

Nährwerte p. P.

459 kcal
9 g Kohlenhydrate
27 g Fett
43 g Eiweiß

1 Entfernen Sie die Fettsehne am Steak und halbieren Sie die Fleischstücke. Anschließend auf einem Backblech 40 Minuten einfrieren. Öl in einer Pfanne erhitzen.

2 Die geschälte Zwiebel in feine Scheiben schneiden. Die Kerne der Paprika entfernen und in dünne Streifen schneiden. Paprika und Zwiebeln mit einer Prise Salz in die heiße Pfanne geben und 20 Minuten garen. Mit Essig ablöschen und weitere 5 Minuten köcheln lassen. Nach Belieben würzen und abschmecken und die Pfanne leeren.

3 Mithilfe eines sehr scharfen Messers die Steakscheiben hauchdünn schneiden und 4 Portionen bereitstellen. Erhitzen Sie eine Pfanne und geben eine Portion Fleisch hinein. Am besten in einem Haufen, wie er nachher auch auf das Brötchen passt. 3 Minuten braten. ¼ der Zwiebel-Paprika-Mischung, ¼ des geriebenen Mozzarellas sowie 2 Käsescheiben darauflegen und 5 Minuten garen (mittlere Hitze)

4 Die Brötchen aufschneiden und die fertige Käse-Fleisch-Mischung auf der unteren Brötchenhälfte platzieren. Mit Ketchup und Senf garnieren und den Brötchendeckel auflegen.

SALISBURY STEAK

4 Port. | 45 Min. | Leicht

Zutaten

500 ml Wasser
2 Eier
4 EL Paniermehl
6 EL Mehl
½ TL Pfeffer
1 TL Knoblauchpulver
4 EL Ketchup
800 g Rinderhackfleisch
250 g Champignons
1 EL Butter
2 Zwiebeln
2 TL Rinderbrühe
2 EL Öl
2 EL Worcestershiresauce

Nährwerte p. P.

1.175 kcal
34 g Kohlenhydrate
72 g Fett
91 g Eiweiß

1 Paniermehl, Eier, Pfeffer und Knoblauchpulver miteinander vermengen. Das Hackfleisch beigeben und alles verkneten. Hieraus 4 Hacksteaks formen.

2 Eine flache Schüssel mit der Hälfte des Mehls auffüllen und die Steaks wenden. In einer Pfanne Öl heiß werden lassen und die Steaks scharf anbraten. Das Fleisch herausnehmen und abtropfen lassen.

3 Das restliche Mehl ins Bratfett streuen und verrühren. Wasser hinzugeben und eine Sauce anrühren. Mit Brühe, Ketchup und Worcestershiresauce abschmecken. Das Fleisch hineinlegen und bei geringer Hitze wärmen.

4 Die geschälte Zwiebel fein hacken, die Pilze in feine Scheiben schneiden. Die Butter in einer Pfanne schmelzen und die Pilze darin anbraten. Ist keine Flüssigkeit mehr vorhanden, kann auch die Zwiebel hinzugegeben werden. Das Fleisch mit der Sauce genießen.

BUFFALO CHICKEN WINGS |

BUFFALO-HÄHNCHENFLÜGEL

12 Port. | 1 Std. 20 Min. | Leicht

Zutaten

Wings

1 EL Honig
1 TL Salz
100 g Mehl
12 Chicken Wings
100 g Butter
1 kg Pflanzenfett
100 ml Hot-Chili-Sauce
350 ml Buttermilch
1 Knoblauchzehe

Ranchdressing

200 g saure Sahne
1 Zwiebel
70 g Parmesan
1 Knoblauchzehe
6 EL Mayonnaise
Pfeffer und Salz

Nährwerte p. P.

903 kcal
10 g Kohlenhydrate
93 g Fett
6 g Eiweiß

1 Die Hähnchenstücke waschen und in Buttermilch eintunken. Paniermehl, Mehl und Salz vermengen und das Fleisch darin wenden. 30 Minuten an die Seite stellen.

2 Den geschälten Knoblauch fein hacken. In einem Topf die Butter zergehen lassen und den Knoblauch darin dünsten. Honig und Chili-Sauce unterrühren und auf niedriger Temperatur 10 Minuten durchziehen lassen.

3 Knoblauch und Zwiebel schälen und fein reiben bzw. pressen. Mayonnaise, Sahne, Buttermilch, 3 TL Zwiebeln, Parmesan und Knoblauch verrühren und pfeffern und salzen.

4 In einem großen Topf das Fett erhitzen und die Wings darin frittieren. Am Tisch die Wings mit Dressing und Sauce einpinseln.

Fish & Seafood Dishes

Fisch & Meeresfrüchte

LEMON SHRIMP PASTA |

ZITRONEN-SHRIMPS-PASTA

2 Port. 20 Min. Leicht

Zutaten

150 g Spaghetti
250 g TK-Shrimps
1 Knoblauchzehe
2 EL Öl
½ Bio-Zitrone
25 g Parmesan
250 ml Gemüsebrühe
300 g Brokkoli
Pfeffer und Salz

Nährwerte p. P.

579 kcal
59 g Kohlenhydrate
16 g Fett
44 g Eiweiß

1 Bereiten Sie die Nudeln wie auf der Packung beschrieben zu.

2 In einem Topf Öl erhitzen und den Knoblauch hineinpressen. Die Temperatur herunterdrehen und die aufgetauten Shrimps unter stetigem Rühren anbraten. Pfeffern und Salzen und herausschöpfen.

3 Die Brokkoliröschen in einem Topf mit Gemüsebrühe, Zitronensaft und -abrieb 5 Minuten kochen lassen. Die Hitze herunterdrehen, Shrimps und Nudeln hinzugeben und den Deckel auflegen. Ein paar Minuten erwärmen. Mit Parmesan genießen.

SHRIMPS AND GRITS |

MAISGRÜTZE MIT SHRIMPS

4 Port. | 25 Min. | Leicht

Zutaten

170 g Polenta
500 ml Gemüsebrühe
4 TL Butter
Pfeffer und Salz
120 g Cheddar, gerieben
6 Scheiben Bacon
4 Zweige Petersilie
4 Frühlingszwiebeln
1 TL Paprikapulver, edelsüß
Saft von ½ Zitrone
400 g Black Tiger Garnelen, aufgetaut
2 Knoblauchzehen

Nährwerte p. P.

500 kcal
37 g Kohlenhydrate
19 g Fett
42 g Eiweiß

1 Geben Sie die Brühe mit Salz in einen Topf und lassen diese aufkochen. Drehen Sie die Temperatur herunter. Geben Sie dann die Polenta hinein und lassen es 10 Minuten köcheln. Hin und wieder umrühren. Den Cheddar und die Butter unterrühren. Pfeffern und salzen.

2 In einer Pfanne ohne Zugabe von Öl den Bacon kross braten, anschließend auf einem Küchentuch abtropfen lassen. Sobald die Scheiben abgekühlt sind, können sie klein gebrochen werden.

3 Die gewaschenen Frühlingszwiebeln in feine Ringe schneiden. Den Knoblauch fein hacken, ebenfalls die Petersilie hacken. Vermischen Sie die Garnelen mit dem Gemüse.

4 Die Garnelenmischung in die Bacon-Pfanne geben, Paprikapulver darüberstreuen und 4 Minuten braten. Zitronensaft einrühren.

GRAVED SALMON AND HASSELBACK-POTATOES |

LACHS MIT FÄCHERKARTOFFELN

4 Port. 40 Min. Leicht

Zutaten

200 g Graved Lachs
6 EL Olivenöl
2 EL Balsamicoessig, weiß
4 EL Honig
2 EL Senf
3 EL Olivenöl
1 Handvoll Blattsalate
2 EL Butter
1 kg Kartoffeln, festkochend
1 Knoblauchzehe
Pfeffer und Salz
Dill

Nährwerte p. P.

1.434 kcal
117 g Kohlenhydrate
89 g Fett
33 g Eiweiß

1 Den Backofen auf Ober-/Unterhitze und 220 °C vorheizen.

2 Die Kartoffeln unter Wasser bürsten und im 2 mm Abstand fächerförmig einschneiden. Nicht bis zum Boden durchtrennen.

3 In einem Topf Olivenöl und Butter erhitzen. Den geschälten Knoblauch halbieren und zum heißen Fett geben.

4 Öl, Essig, Honig und Senf vermischen und mit Salz würzen.

5 Nehmen Sie die Knoblauchhälfte heraus, fächern die Kartoffeln ein wenig auf und pinseln das Fett dazwischen. Anschließend mit Pfeffer und Salz würzen. Die Kartoffeln in eine Form legen und im Backofen 50 Minuten backen.

6 Den Lachs auf dem Salat drapieren, Dill darüberstreuen und die Kartoffeln danebenlegen. Mit Dip garnieren.

CRAB CAKES |

KRABBEN-FRIKADELLEN

3 Port. 55 Min. Leicht

Zutaten

500 g Krabbenfleisch
1 EL gehackte Petersilie
65 g Cracker, ohne Salz
1 EL Dijon-Senf
50 g Mayonnaise
60 ml Rapsöl
1 EL Worcestershiresauce
1 Ei
1 EL Butter

Nährwerte p. P.

587 kcal
16 g Kohlenhydrate
43 g Fett
34 g Eiweiß

1 Das Fleisch gut abtropfen lassen. Die Cracker klein hacken und zerkrümeln und mit der Petersilie und dem abgetropften Krabbenfleisch vermengen.

2 Verquirlen Sie die Worcestershiresauce mit dem Ei, dem Senf und der Mayonnaise und geben alles zur Krabbenmischung. Die Schüssel abdecken und für 1 Stunde in den Kühlschrank stellen.

3 6 Portionen abtrennen und zu einem dickeren Patty platt drücken.

4 Öl in eine Pfanne geben und erhitzen. Auf mittlerer Stufe die Krabbenfrikadellen ausbacken. Sobald die untere Seite braun gebacken ist, kann der Patty vorsichtig gewendet werden. Nochmals Butter dazugeben und erneut so lange backen, bis es braun ist.

HONEY-SALMON WITH POTATOSALAD |

LACHS MIT HONIGKRUSTE

4 Port. 1 Std. Mittel

Zutaten

300 g Kartoffeln
6 Radieschen
1 Salatgurke
2 EL Crème fraîche
1 Bund Dill
1 TL Gemüsebrühpulver
1 TL Honig
Pfeffer und Salz
1 EL Wasser

Lachs
3 EL Honig
4 Lachsfilets
1 EL Senf
1 Knoblauchzehe
1 Bund Petersilie
1 Zitrone
2 EL Rapsöl
3 EL Paniermehl

Nährwerte p. P.

443 kcal
35 g Kohlenhydrate
20 g Fett
26 g Eiweiß

1 6 Kartoffeln in kochendes Salzwasser geben und 25 Minuten garen. Abseihen, auskühlen lassen und pellen. Anschließend in dünne Scheiben schneiden.

2 Die Radieschen und die Gurke mit einer Reibe zu den Kartoffeln reiben. Den Dill fein hacken und auch zu den Kartoffeln geben.

3 Senf, 2 EL Crème fraîche, 1 TL Honig, Gemüsebrühpulver, Salz, Pfeffer und 1 EL Wasser verrühren. Mit dem Salat vermischen und in den Kühlschrank stellen.

4 Heizen Sie den Backofen auf Ober-/Unterhitze und 180 °C vor. Hacken Sie den Knoblauch ganz fein und geben 1 EL Senf und 3 EL Honig dazu, salzen und pfeffern Sie alles. Das Paniermehl in einer Schüssel mit der gehackten Petersilie und 2 EL Rapsöl vermischen.

5 Eine Auflaufform mit Butter einfetten und den Fisch mit der Knoblauchmarinade einreiben. Anschließend im Paniermehl wenden und in die Auflaufform legen.

6 Legen Sie auf jedes Lachsfilet eine halbe Zitronenscheibe. 30 Minuten in den Backofen geben. Mit dem Kartoffelsalat anrichten.

GRATINATED FISH WITH RICE |

ÜBERBACKENER FISCH MIT REIS

4 Port. 30 Min. Leicht

Zutaten

250 g Reis
30 g Butter
Fischfilet, TK, aber aufgetaut
75 g Schmelzkäse
250 ml Sahne
3 Eigelbe
Pfeffer, Salz, Dill

Nährwerte p. P.

818 kcal
40 g Kohlenhydrate
65 g Fett
16 g Eiweiß

1 Den Reis nach Packungsanweisung zubereiten. Heizen Sie den Backofen auf Ober-/Unterhitze und 200 °C vor.

2 Das aufgetaute Fischfilet mit Pfeffer und Salz würzen und ein bisschen Zitronensaft darübergeben.

3 Aus dem Schmelzkäse, Butter, Pfeffer, Salz und Sahne eine Soße zubereiten. Alles in einem Topf verrühren und erwärmen.

4 Verquirlen Sie die 3 Eigelbe miteinander, nehmen den Soßentopf vom Herd und heben das Eigelb unter.

5 Eine Auflaufform einfetten, den Reis darin verteilen, die Fischstücke darauflegen und mit der Soße übergießen.

6 25 Minuten backen und abschließend mit Dill garnieren.

Vegetarian & Vegan

Vegetarisch & Vegan

MAC'N'CHEESE |

KÄSE-MAKKARONI

8 Port. 1,5 Std. Mittel

Zutaten

90 g Butter
500 g Makkaroni
400 ml Milch
40 g Mehl
200 ml Sahne
200 g Cheddar
200 g Emmentaler
1 TL Paprikapulver
1 TL Senf
100 g Parmesan
50 g Paniermehl
1 Knoblauchzehe
Pfeffer und Salz

Nährwerte p. P.

700 kcal
59 g Kohlenhydrate
39 g Fett
28 g Eiweiß

1 Kochen Sie die Makkaroni in heißem Salzwasser bissfest. Den Backofen auf Ober-/Unterhitze und 175 °C vorheizen.

2 In einem Topf 60 g Butter zergehen lassen und das Mehl dazugeben. Unter Rühren anschwitzen lassen und mit Sahne und Milch aufgießen. Zum Koch bringen, pfeffern und salzen und mit Paprikapulver und Senf abschmecken. Die Hitze reduzieren und 10 Minuten köcheln lassen. Die drei Käsesorten reiben.

3 Die Nudeln abseihen, mit der Mehlschwitze und dem geriebenen Käse verrühren. Den Knoblauch schälen und halbieren und damit eine Auflaufform einstreichen. Die Nudelmasse hineingeben.

4 Bringen Sie 30 g Butter in einer Pfanne zum Schmelzen und rösten das Paniermehl darin an. Verteilen Sie diese Brösel auf den Makkaroni und geben die Form 35 Minuten in den Backofen.

AMERICAN PAN PIZZA |

PFANNENPIZZA

1 Port. 30 Min. Leicht

Zutaten

Teig
100 ml Milch oder Pflanzendrink
180 g Weizenmehl
¼ TL Salz
2 EL Olivenöl
1 ½ TL Backpulver

Anbraten
2 EL Olivenöl

Belag
80 g Käse, gerieben
80 g Tomatensoße
Champignons

Nährwerte p. P.

1.447 kcal
140 g Kohlenhydrate
78 g Fett
41 g Eiweiß

1 Heizen Sie den Backofen auf Ober-/Unterhitze und 220 °C vor. Die Zutaten für den Pizzateig zu einem Teig verkneten.

2 In einer großen ofenfesten Pfanne das Öl erhitzen. Den Pizzateig auf die Größe der Pfanne ausrollen und in die Pfanne legen.

3 5 Minuten anbraten und anschließend für 5 Minuten in den Backofen geben.

4 Abschließend die Pfanne aus dem Backofen nehmen, die Pizza mit Tomatensoße bestreichen, Käse darüberstreuen und mit den Champignons belegen.

5 Erneut für 8 Minuten in den Backofen geben.

BAKED BEANS |

GEBACKENE BOHNEN

3 Port. 1,5 Std. Leicht

Zutaten

2 Dosen Tomaten, geschält
500 g getrocknete weiße Bohnen
2 Nelken
100 g brauner Zucker
50 g Zuckerrübensirup
400 g geräucherter Speck
100 g Speckschwarte am Stück
1 Lorbeerblatt
1 EL scharfer Senf
1 Zwiebel
Salz
Cayennepfeffer

Nährwerte p. P.

1.447 kcal
177 g Kohlenhydrate
51 g Fett
71 g Eiweiß

1 Legen Sie die Bohnen am Vortag bereits in kaltes Wasser ein.

2 Gießen Sie das Wasser ab, geben die Bohnen in einen Topf und bedecken Sie sie erneut mit Wasser. Bei schwacher Hitze 30 Minuten köcheln lassen.

3 Die Grillfunktion des Backofens auf 150 °C einstellen. Die Tomaten mit dem Sirup, dem Senf und den 50 g Zucker verrühren. Piksen Sie Nelken in die Zwiebel und schneiden den Speck in kleine Würfel.

4 Legen Sie die Schwarte in eine feuerfeste Form und geben die Bohnen mit dem Wasser hinein. Die Nelkenzwiebel, den gewürfelten Speck und den Sirup dazugeben. Deckel auflegen und für 45 Minuten und 150 °C köcheln lassen.

5 Den Deckel herunternehmen und mit Pfeffer und Salz würzen. Den übrigen Zucker hinzugeben und nochmals 30 Minuten köcheln lassen. Dieses Mal ohne Deckel.

6 Vor dem Servieren die Zwiebel und die Schwarte herausnehmen.

BAKED BEANS ON POTATO AND EGG |

GEBACKENE BOHNEN AUF KARTOFFELN UND EI

4 Port. 1 Std. Mittel

Zutaten

Kartoffelwaffeln
100 g Weizenmehl
250 g Kartoffeln, mehligkochend
40 g Hartweizengrieß
4 EL Sahne
4 Eier
Pfeffer und Salz
Butter

Baked Beans
150 g Pancetta
440 g Bohnen, weiß
2 Knoblauchzehen
1 Zwiebel
1 Chili
2 EL Essig
2 EL Rohrzucker
500 ml passierte Tomaten
Ahornsirup
Pfeffer und Salz

Nährwerte p. P.

723 kcal
117 g Kohlenhydrate
14 g Fett
25 g Eiweiß

1 Die geschälten Kartoffeln in kochendes Salzwasser geben und garen. Anschließend abgießen und durch eine Kartoffelpresse drücken. Sahne, Eier, Grieß und Mehl hinzugeben und mit Pfeffer und Salz abschmecken. 30 Minuten ruhen lassen. Das Waffeleisen mit Butter einreiben und die Waffeln backen, anschließend warm halten.

2 Schneiden Sie den Pancetta in feine Streifen, die Knoblauchzehen und die Zwiebel schälen und in kleine Würfel schneiden. Die Kerne der Chilischote herausnehmen und die Chili fein schneiden.

3 Eine tiefe Pfanne erhitzen und die Pancettascheiben darin anbraten. Danach den Knoblauch, die Chili und die Zwiebeln dazugeben und mit anbraten. Mit Zucker 2 Minuten karamellisieren lassen. Zum Ablöschen den Essig hineinschütten.

4 Die Tomaten und die Bohnen dazugeben, pfeffern und salzen und bei niedriger Temperatur 20 Minuten köcheln lassen. Die Pfanne herunternehmen und erneut mit Pfeffer, Salz, Ahornsirup und Essig abschmecken.

CORN PUDDING |

MAIS-PUDDING

5 Port. | 1 Std. 20 Min. | Mittel

Zutaten

50 g Butter
5 Eier
300 ml Milch
60 g Zucker
3 Dosen Mais
150 g Parmesan
1 EL Butter
4 EL Maisstärke

Nährwerte p. P.

538 kcal
41 g Kohlenhydrate
28 g Fett
21 g Eiweiß

1 Die Eier miteinander verquirlen. In einem Topf die Butter zergehen lassen. Zucker, Milch und die Ei-Masse dazugeben und gut verrühren. Rühren Sie die Speisestärke ein.

2 1 Dose Mais mithilfe eines Pürierstabs zu einem Brei pürieren. Den Maisbrei und die anderen zwei Dosen zur Ei-Mischung geben.

3 Eine Auflaufform mit 1 EL Butter einreiben und die Mais-Masse einfüllen. Den Parmesan darüberstreuen.

4 Im Backofen für 1 Stunde auf 160 °C backen.

Fingerfood & Snacks

BUFFALO TURDS |
BÜFFELHAUFEN

5 Port. | 1 Std. | Mittel

Zutaten

200 g Bacon
200 g Frischkäse
6 Stück Mini-Paprika
1 EL BBQ-Rub
150 g Cheddarkäse
3 Pfefferbeißer
BBQ-Sauce

Nährwerte p. P.

1.275 kcal
24 g Kohlenhydrate
100 g Fett
63 g Eiweiß

1 Die Paprika seitlich halbieren und den Strunk entfernen. Ebenfalls die Kerne herausschneiden. Die Salamis halbieren und in kleine Stücke schneiden.

2 Rub, Cheddar und Frischkäse miteinander verrühren. Diese Creme in die Hälften der Paprika füllen und ein Salamistück hineinsetzen. Dann mit den anderen Paprikahälften schließen und mit einer halben Scheibe Bacon jeweils umwickeln.

3 Die Paprika auf eine Grillplatte legen und 20 Minuten grillen. Allerdings nur mit der linken und rechten Flamme, sodass eine indirekte Hitze entsteht. Anschließend mit BBQ-Sauce einpinseln und weitere 10 Minuten grillen. Etwas Alufolie darunterlegen, da die Creme vielleicht heraustropft.

HUSHPUPPIES |

MAISMEHLKRAPFEN

25 Port. 40 Min. Leicht

Zutaten

50 g Maisstärke
180 g Maismehl
250 ml Pflanzendrink
1 kleine Dose Mais
1 EL Wasser
1 EL Stärke
Jeweils 1 Prise Cayennepfeffer, Zwiebelpulver und Knoblauchpulver
2 TL Backpulver
Öl
25 g Margarine

Nährwerte p. P.

53 kcal
8 g Kohlenhydrate
1 g Fett
1 g Eiweiß

1 Backpulver, Knoblauchpulver, Zwiebelpulver, Maisstärke, Mehl und Cayennepfeffer miteinander verrühren. Das Wasser mit der Stärke vermengen und zur Mehlmischung geben.

2 Die Margarine und den Pflanzendrink in einem Topf aufkochen lassen. Zum Mehl geben und unterrühren. So lange rühren, bis keine Klumpen mehr da sind.

3 Lassen Sie den Mais abtropfen und mischen Sie ihn zum Teig.

4 In einem Topf Öl erhitzen. Mit angefeuchteten Händen kleine Bällchen formen und im heißen Öl frittieren. Mit einem Schaumlöffel abschöpfen und auf einem Küchenpapier abtropfen lassen.

ONION RINGS |

ZWIEBELRINGE

2 Port. 15 Min. Leicht

Zutaten

1 Gemüsezwiebel
250 ml Milch
150 g Mehl
½ Pck. Backpulver
1 Ei
½ TL Cayennepfeffer
1 TL Salz
Öl

Nährwerte p. P.

705 kcal
124 g Kohlenhydrate
11 g Fett
23 g Eiweiß

1 Die Zwiebel schälen und in dicke Scheiben schneiden. Salz, Cayennepfeffer, Backpulver und Mehl miteinander vermischen.

2 Die Zwiebelringe in der Mehlmischung wenden. Die übrige Mehlmischung mit Ei und Milch vermengen.

3 Nun die mehlierten Zwiebelringe in dieser Teigmasse wälzen. Das Öl auf 170 °C in einem Topf erhitzen und die Zwiebelringe frittieren.

CORN DOGS |

MAISWÜRSTE

2 Port. 30 Min. Leicht

Zutaten

4 Wiener Würstchen
8 Schaschlikspieße

Backteig
150 g Maismehl
100 g Weizenmehl
1 Ei
1 TL Backpulver
200 ml Milch
1 EL brauner Zucker
1 TL Paprikapulver
1 TL Salz
800 g Sonnenblumenöl
4 Prisen Cayennepfeffer
Mehl

Nährwerte p. P.

4.563 kcal
99 g Kohlenhydrate
444 g Fett
39 g Eiweiß

1 Zunächst eine Teigstraße vorbereiten. Beide Mehlsorten, Salz, Backpulver, Ei, Milch, Paprika edelsüß, Zucker und Cayennepfeffer zu einem Teig verrühren. Die Würstchen halbieren und nochmals eine Schüssel mit Mehl bereitstellen.

2 Stecken Sie die Würstchenhälften auf Schaschlikspieße. Die Würstchen im Mehl wälzen und anschließend durch den Backteig ziehen.

3 Die Würstchen im Öl frittieren und auskühlen lassen.

GARLIC KNOT |

KNOBLAUCHBROT

1 Port. | 45 Min. | Leicht

Zutaten

100 ml Wasser
150 ml Buttermilch
1 TL Salz
400 g Mehl
1 EL Zucker
1 Prise Natron
30 g Butter (flüssig)
½ TL Knoblauchpulver
½ Tütchen Trockenhefe
2 Knoblauchzehen

Dip

125 g Frischkäse
125 g Ricotta
100 g Mozzarella, gerieben
2 EL gehackte Petersilie
75 g Cheddar

Nährwerte p. P.

2.828 kcal
325 g Kohlenhydrate
121 g Fett
104 g Eiweiß

1 Alle Zutaten für den Knoten, aber nur 100 ml Wasser, mithilfe eines Knethakens verkneten. Den Teig abdecken und im Kühlschrank über Nacht ruhen lassen.

2 2 Stunden vor dem Servieren den Teig in 15 gleichmäßige Stücke teilen. Eine Arbeitsfläche mit Mehl bestäuben. Die Kugeln darauf in 20 cm lange Stränge formen und dann verknoten. Hierbei die Enden unten einstecken. Die beiden Knoblauchzehen mit der geschmolzenen Butter vermischen. Alle Teigknoten darin wenden.

3 Diese Knoten in einer eingeölten runden Backform als Kranz anordnen. Eine Plastiktüte über die Form stülpen und den Teigkranz 1 Stunde gehen lassen. Den Backofen währenddessen auf Ober-/Unterhitze und 200 °C vorheizen.

4 Den Dip aus allen Zutaten zubereiten und in die Mitte des Kranzes füllen. Im Backofen 20 Minuten backen. Die Grillfunktion dazuschalten und auf 225 °C stellen.

TATER TOTS |

SUPER-BOWL-KROKETTEN

4 Port. | 50 Min. | Leicht

Zutaten

1 Knoblauchzehe
500 g Kroketten
1 Zwiebel
300 g Hackfleisch, gemischt
150 g Champignons
100 g TK-Erbsen
1 kleine Dose Mais
50 g Parmesan
Pfeffer, Salz, Muskat
150 ml Sahne
Worcestershiresauce
2 EL Schnittlauch, frisch
200 g Cheddar, gerieben
Öl

Nährwerte p. P.

1.783 kcal
85 g Kohlenhydrate
119 g Fett
81 g Eiweiß

1 Die Kroketten nach Anweisung zubereiten.

2 Öl in einer Pfanne erhitzen und das Hackfleisch darin scharf anbraten. Die Pilze, den Knoblauch und die Zwiebeln ganz fein schneiden und in die Pfanne geben und mit anbraten.

3 Die Erbsen untermengen und die Gewürze, Worcestershiresauce und Sahne hinzugeben und alles zum Kochen bringen. Drehen Sie die Hitze herunter, geben Sie den abgegossenen Mais dazu. Den Parmesan hineinreiben und die Hitze komplett abschalten.

4 Heizen Sie den Backofen auf Ober-/Unterhitze und 180 °C vor.

5 Die Sauce in eine Auflaufform füllen und die fertigen Kroketten darauf anordnen. Den Käse darüberstreuen. 15 Minuten in den Backofen geben. Die Auflaufform herausnehmen.

6 Den Schnittlauch in feine Röllchen schneiden und die Kroketten damit garnieren.

TACO CUPS |

TACO TASSEN

6 Port. | 30 Min. | Mittel

Zutaten

Cups
1 Dose Kidneybohnen
2 EL Taco-Gewürz
400 g Rinderhackfleisch
2 EL Öl
2 Frühlingszwiebeln, gehackt
150 g Käse gerieben, nach eigenem Geschmack
1 Rolle Fertigteig, Strudel oder Yufka

Toppings
Gehackte Tomaten
Saure Sahne
Salsa
Guacamole

Nährwerte p. P.

408 kcal
21 g Kohlenhydrate
25 g Fett
21 g Eiweiß

1 Das Hackfleisch in heißem Öl anbraten. Die Frühlingszwiebeln dazugeben. Mit dem Taco-Gewürz abschmecken. Abschließend die Kidneybohnen unterrühren und anschließend an die Seite stellen.

2 Fetten Sie zwei Muffin-Bleche ein. Legen Sie alle Teigblätter aufeinander und schneiden 10 × 10 cm große Quadrate aus. Ein Teigquadrat jeweils dann in die Muffinmulden legen und leicht hineindrücken. Leicht versetzt dann ein zweites und drittes Teigblatt darauflegen.

3 Pro Muffinmulde 2 EL Hackfleischmasse hineingeben und mit Käse bestreuen. Im Backofen bei 200 °C Ober- /Unterhitze 15 Minuten backen. Mit Toppings genießen.

ARMADILLO EGGS |

HACKBÄLLCHEN MIT CHILIKERN

18 Port. | 1 Std. 20 Min. | Leicht

Zutaten

1 Ei
1 kg Rinderhackfleisch
1 EL Senf
18 Jalapeño-Chilischoten
1 EL BBQ-Rub
100 g Frischkäse
200 ml BBQ-Sauce
200 g Baconstreifen
Pfeffer und Salz

Nährwerte p. P.

157 kcal
5 g Kohlenhydrate
8 g Fett
14 g Eiweiß

1 Aus dem Ei, dem Senf, dem Hackfleisch, Pfeffer, Salz und dem BBQ-Gewürz eine glatte Masse kneten und anschließend an die Seite stellen.

2 Schneiden Sie von den Chilischoten den Deckel ab und entfernen die Samen. Anschließend füllen Sie die Schoten mit Frischkäse.

3 Eine Portion Hackfleisch in der Größe einer Handfläche zu einem Fladen drücken. Die Frischkäse-Schote mittig auflegen und mit dem Hackfleisch ummanteln.

4 Eine Baconscheibe um diesen Klops wickeln. Diese Kugeln in eine Auflaufform legen und für 40 Minuten bei 170 °C Ober-/Unterhitze garen. 10 Minuten vor Garzeitende die Kugeln mit der BBQ-Sauce einpinseln. Die übrige BBQ-Sauce zu den Bällchen servieren.

CHILI CHEESE FRIES |

CHILI-KÄSE-POMMES

2 Port. | 45 Min. | Leicht

Zutaten

500 g Kartoffeln, festkochend
2 EL Speisestärke
4 EL Sonnenblumenöl
2 TL Salz
500 g Hackfleisch
2 TL Paprikapulver, edelsüß
2 Peperoni
100 g Cheddar, gerieben

Nährwerte p. P.

1.077 kcal
51 g Kohlenhydrate
66 g Fett
66 g Eiweiß

1 Den Backofen auf Ober-/Unterhitze und 200 °C vorheizen. Belegen Sie ein Backblech mit Backpapier.

2 Die geschälten Kartoffeln in Pommes schneiden (ca. 1 cm dick). Das Öl mit Salz, Speisestärke und Paprikapulver verrühren und die Pommes darin wälzen. Verteilen Sie die Kartoffeln auf dem Backblech und geben Sie sie für 20 Minuten in den Backofen.

3 Öl in einer Pfanne erhitzen und das Hackfleisch darin scharf anbraten. Nach 10 Minuten das Fleisch zu den Kartoffeln geben. Nach 5 Minuten den Käse darüber verteilen und nochmals in den Backofen geben.

4 Die Peperonischoten in feine Ringe schneiden. Die Pommes aus dem Backofen holen und die Peperoni darüber verteilen.

Desserts

Nachspeisen

PEANUTBUTTER SWIRL BROWNIE |

ERDNUSSBUTTER-BROWNIE

16 Port. 40 Min. Mittel

Zutaten

185 g Butter, weich
3 Eier
1 Eigelb
185 g Schokolade, mind. 60 % Kakaoanteil
85 g Mehl
225 g Zucker
40 g Backkakao
75 g Erdnussbutter

Nährwerte p. P.

1.053 kcal
26 g Kohlenhydrate
102 g Fett
4 g Eiweiß

1 Hacken Sie die Schokolade ganz klein und geben diese mit der Butter in eine Schüssel. Lassen Sie diese über dem Wasserbad langsam schmelzen. Hin und wieder umrühren. Sobald alles geschmolzen ist, den Topf an die Seite stellen.

2 Den Backofen auf Ober-/Unterhitze und 180 °C vorheizen. Eine Backform mit den Maßen 20 × 20 cm mit Backpapier auslegen.

3 Eigelb, Zucker und Eier verquirlen. Die Schokolade mit einem Kochlöffel unterheben. Bitte nicht rühren! Das Mehl mit dem Backkakao hineinsieben und wieder ganz vorsichtig unterheben. Füllen Sie den Teig in die Form.

4 6 Erdnussbutter-Kleckse auf dem Teig verteilen. Mit einer Gabel ein Muster einrühren. 35 Minuten backen.

KEY LIME PIE ICE CREAM |

LIMETTENKUCHEN-EIS

4 Port. | 3 Std. 20 Min. | Leicht

Zutaten

450 ml Milch
200 g Zucker
120 ml Limettensaft
2 Eigelbe
250 ml Sahne
75 g Butterkekse
2 TL Limettenschale
Waffelhörnchen
1 Prise Salz

Nährwerte p. P.

572 kcal
70 g Kohlenhydrate
28 g Fett
8 g Eiweiß

1 Geben Sie den Zucker mit der Sahne, dem Salz, der Milch und dem Limettensaft in einen Topf und bringen Sie alles zum Kochen. Anschließend vom Herd nehmen.

2 Das Eigelb miteinander verquirlen und zur vorbereiteten Masse geben. Die Kekse und die Limettenschale untermengen.

3 3 Stunden ins Eisfach geben und hin und wieder umrühren. Auf die Waffelhörnchen verteilen.

KEY LIME PIE |

LIMETTENKUCHEN

1 Port. 50 Min. Mittel

Zutaten

Boden
30 g Zucker
100 g flüssige Butter
200 g Butterkekse

Füllung
2 Eigelbe
2 Dosen Kondensmilch, gesüßt
100 g Schmand
1 TL Limettenabrieb
175 ml Limettensaft

Nährwerte p. P.

2.604 kcal
191 g Kohlenhydrate
185 g Fett
37 g Eiweiß

1 Eine Backform einfetten. Die Kekse zerbröseln und mit Zucker und Butter vermengen. Diese Brösel in die Backform geben und einen Boden andrücken. Für 10 Minuten bei 180 °C Ober-/Unterhitze backen.

2 Den Limettensaft mit der Kondensmilch, dem Schmand und dem Eigelb vermischen. 1 TL Limettenabrieb unterrühren und auf dem Boden verteilen.

3 25 Minuten backen. Anschließend auskühlen lassen und 2 Stunden in den Kühlschrank geben.

TWINKIES |

MINIKUCHEN MIT CREMEFÜLLUNG

12 Port. 50 Min. Leicht

Zutaten

Teig
1 Pck. Vanillezucker
2 Eier
60 g Zucker
1 Prise Salz
90 g Dinkelmehl
20 ml Wasser
½ Pck. Backpulver

Himbeercreme
2 Blatt Gelatine
90 g Himbeeren
20 g Puderzucker
60 g Frischkäse
50 ml Sahne

Glasur
Bunte Streusel
150 g Kuvertüre, dunkel

Nährwerte p. P.

168 kcal
20 g Kohlenhydrate
8 g Fett
2 g Eiweiß

1 Den Backofen auf Ober-/Unterhitze und 160 °C vorheizen.

2 Den Zucker mit den Eiern schaumig schlagen. Backpulver, Salz und Mehl vermengen und unter die Masse geben. Wasser unterrühren. Eine Form für Riegel einfetten und den Teig immer bis zur Hälfte einfüllen. 20 Minuten backen. Auskühlen lassen und dann aus der Form holen.

3 Den Puderzucker mit den Himbeeren pürieren und durch ein Sieb reiben. Den Frischkäse aufschlagen, die Sahne aufschlagen und beides miteinander vermengen. Das Himbeerpüree unterheben und alles 20 Minuten kalt stellen.

4 Mithilfe eines Spritzbeutels die Creme in die Twinkies füllen.

5 Schokolade über dem Wasserbad schmelzen und die Twinkies eintunken und mit Streuseln garnieren.

BANANA PUDDING |

BANANEN PUDDING

4 Port. 45 Min. Mittel

Zutaten

50 g Zucker für den Baiser
100 g Zucker für den Pudding
4 Eiweiße
4 Eigelbe
45 g Mehl
200 ml Milch
1 Prise Salz
5 Bananen
2 TL Vanilleextrakt
1 Msp. Weinstein
1 Pck. Eierplätzchen

Nährwerte p. P.

411 kcal
70 g Kohlenhydrate
9 g Fett
10 g Eiweiß

1 Salz, Zucker und Mehl in einen Topf geben. Die Eigelbe hinzugeben und alles gut verrühren. Ganz leicht erwärmen und die Milch unter stetigem Rühren eingießen. 1 TL Vanilleextrakt hinzufügen. Sobald es eindickt, wird der Topf heruntergenommen.

2 Den Backofen auf Ober-/Unterhitze und 180 °C vorheizen.

3 Das Eiweiß schlagen und das Weinstein dazugeben und so lange mixen, bis es fester Eischnee wird.

4 Die Bananen in Scheiben schneiden. Eine Auflaufform wie folgt nun mehrmals schichten: Pudding, Bananen und Eierplätzchen. Der Pudding soll die abschließende Schicht sein. Den Eischnee darauf verteilen und mit einem kleinen Teelöffel Spitzen zupfen.

5 10 Minuten backen und dann auf Unterhitze umstellen. Erneut 10 Minuten backen.

STRAWBERRY CHEESE CAKE |

ERDBEER-KÄSEKUCHEN

21 Port. 2 Std. Leicht

Zutaten

1 Pck. Vanillinzucker
4 Eier
150 g Butterkekse
200 g Zucker
125 ml Schlagsahne
750 g Doppelrahm-Frischkäse
40 g Speisestärke
1 Pck. Tortenguss
750 g Erdbeeren
2 EL Butter

Nährwerte p. P.

490 kcal
38 g Kohlenhydrate
32 g Fett
11 g Eiweiß

1 Die Butter in einem Topf zergehen lassen. Geben Sie die Kekse in einen Gefrierbeutel und hacken diese mithilfe eines Wellholzes in Krümel. Die flüssige Butter mit den Kekskrümeln vermengen. Eine runde Kuchenform einfetten und die Butterbrösel auf dem Boden verteilen und andrücken. Anschließend 30 Minuten kalt stellen.

2 Heizen Sie den Backofen auf Umluft und 150 °C vor.

3 200 g Zucker, Eier und Vanillinzucker schaumig rühren. Stärke, Sahne und Frischkäse untermengen und diese Masse auf dem Keksboden verteilen und verstreichen.

4 Den Kuchen 1 ¼ Stunden backen. Nach 45 Minuten der Backzeit Alufolie auf den Kuchen legen. Nach der kompletten Backzeit den Kuchen vom Rand lösen und gut auskühlen lassen.

5 Die Erdbeeren waschen und 6 davon für die Deko halbieren. Die übrigen Erdbeeren in Scheiben schneiden. Ordnen Sie die Erdbeeren fächerförmig auf dem Kuchen an.

6 25 g Zucker und das Tortengusspulver in einem Topf mit 250 ml Wasser verrühren und aufkochen lassen. Hierbei stetig rühren. Den Guss über den Erdbeeren verteilen und erkalten lassen. Mit den Erdbeeren dekorieren.

RED VELVET CAKE |

ROTER SAMTKUCHEN

1 Port. 1 Std. Mittel

Zutaten

15 g ungesüßter Kakao
300 g Mehl
115 g Butter
120 ml Öl
3 Eier
2 TL Weißweinessig
1 TL Natron
2 TL Backpulver
½ TL Salz
250 ml Buttermilch
Rote Lebensmittelfarbe
2 Pck. Vanillezucker
280 g Zucker

Füllung

140 g Puderzucker
400 g Frischkäse
250 g Butter

Nährwerte p. P.

7.916 kcal
690 g Kohlenhydrate
532 g Fett
85 g Eiweiß

1 Zucker, Vanillezucker, Öl und Butter zu einer cremigen Masse verrühren. Die Eier dazugeben und erneut gut vermischen. Weißweinessig, Buttermilch und Lebensmittelfarbe vermischen.

2 Mehl, Kakao, Natron, Salz und Backpulver in die Buttermasse sieben und die Buttermilchmasse dazugeben. Drei Backformen einfetten und den Teig auf diese drei Formen verteilen.

3 40 Minuten bei 175 Grad Umluft backen. Die Böden anschließend komplett auskühlen lassen.

4 Den Puderzucker mit der weichen Butter aufschlagen. Rühren Sie den Frischkäse unter.

5 Die Boden immer mit einer Schicht der Creme dazwischen aufeinandersetzen. Mit der restlichen Creme die Torte komplett ummanteln.

S'MORES |

KEKS-DOPPELDECKER

6 Port. 10 Min. Leicht

Zutaten

6 Marshmallows
12 Graham-Cracker
6 Schokoblättchen, z. B. Eszet

Nährwerte p. P.

152 kcal
21 g Kohlenhydrate
6 g Fett
2 g Eiweiß

1 Den Backofen auf Ober-/Unterhitze und 200 °C vorheizen.

2 Legen Sie ein Backblech mit Backpapier aus und verteilen die Kekse darauf. Schokoblättchen darauf verteilen und die Marshmallows darauflegen. 5 - 6 Minuten backen.

GRILLED BANANAS |

GEGRILLTE BANANE

4 Port. 15 Min. Leicht

Zutaten

2 TL Zitronensaft
4 reife Bananen
4 Vollmilchriegel

Nährwerte p. P.

187 kcal
35 g Kohlenhydrate
3 g Fett
2 g Eiweiß

1 Den Grill aufheizen. Entfernen Sie einen Streifen von den Bananen und ritzen Sie die Banane mit einem Messer der Länge nach ein paarmal ein. Das Bananenfleisch mit Zitronensaft beträufeln.

2 Teilen Sie den Schokoladenriegel in kleine Stücke und legen die Stücke in die eingeschnittenen Bereiche. Legen Sie die Bananen mit der Schalenseite nach unten auf den Grill, bis die Schokolade schmilzt.

PUMPKIN PIE |

KÜRBISKUCHEN

1 Port. | 1 Std. | Leicht

Zutaten

50 ml Sahne
300 g Kürbis
80 g Zucker
2 Eier
1 Prise Vanilleextrakt
1 Kuchenteig, Kühlregal
1 Prise Zimt

Nährwerte p. P.

275 kcal
38 g Kohlenhydrate
11 g Fett
3 g Eiweiß

1 Den Backofen auf Ober-/Unterhitze und 180 °C vorheizen.

2 Den geschälten Kürbis entkernen und klein schneiden. Zimt, Zucker, Eier, Vanilleextrakt, Sahne und Kürbiswürfel in einem Mixer pürieren.

3 Den Kuchenteig ausrollen und in einer Springform auslegen. Das Kürbispüree in die Tarteform geben und 45 Minuten backen. Gut abkühlen lassen.

Drinks

Getränke

STRAWBERRY LEMONADE |

ERDBEER-LIMONADE

8 Port. | 20 Min. | Leicht

Zutaten

150 g Zucker
400 g Erdbeeren, reif
200 ml Zitronensaft
1 l Wasser

Nährwerte p. P.

101 kcal
24 g Kohlenhydrate
0 g Fett
0 g Eiweiß

1 Wasser mit Zucker in einem Topf zum Kochen bringen.

2 Die gewaschenen Erdbeeren pürieren und durch ein Sieb streichen. Das Erdbeerpüree mit dem Zuckerwasser und Zitronensaft in eine Karaffe geben und zudecken. Mehrere Stunden in den Kühlschrank stellen.

3 Eiswürfel in ein Glas geben und mit der Limonade aufgießen.

EGGNOG |

EIERPUNSCH

8 Port. | 1 Std. 10 Min. | Leicht

Zutaten

8 Eigelb
300 ml Sahne
600 ml Milch
2 Zimtstangen
150 ml Südsee-Rum
150 g Zucker
Muskat
2 Vanilleschoten

Nährwerte p. P.

1.421 kcal
104 g Kohlenhydrate
70 g Fett
31 g Eiweiß

1 Die Sahne mit der Milch in einen Topf geben, das Mark der Vanilleschote entfernen und ebenfalls in den Topf geben. Die halbierten Vanilleschoten und die Zimtstangen ebenfalls hinzufügen.

2 Alles kurz einmal aufkochen lassen, Topf vom Herd nehmen und 1 Stunde durchziehen und abkühlen lassen.

3 Die Eier trennen. Das Eigelb in eine Schüssel geben und schaumig schlagen. Unter stetigem Rühren den Zucker einrieseln lassen.

4 Die abgekühlte Flüssigkeit mit Rum und Zucker-Ei-Masse vermischen. Nochmals erwärmen. Nicht zu heiß werden lassen, da sonst das Ei zu stocken beginnt.

5 Auf die Becher verteilen und mit Muskat bestäuben.

BOURBON LEMONADE |

BOUBON LIMONADE

1 Port. 5 Min. Leicht

Zutaten

18 cl amerikanische Limonade
1 Zitrone
6 cl Bourbon
Eiswürfel

Nährwerte p. P.

43 kcal
4 g Kohlenhydrate
0 g Fett
0 g Eiweiß

1 Die Eiswürfel in ein Einmachglas geben und mit Bourbon übergießen.

2 Die Limonade dazugeben und die Zitrone in feine Scheiben schneiden. Diese in das Einmachglas geben und genießen.

DIRTY SODA

1 Port. 5 Min. Leicht

Zutaten

2 cl Kokossirup
Eiswürfel
200 ml Diät-Cola
Saft von ½ Limette
6 cl Sahne

Nährwerte p. P.

319 kcal
3 g Kohlenhydrate
32 g Fett
2 g Eiweiß

1 Ein Longdrinkglas bis zur Hälfte mit Eiswürfeln auffüllen. Limettensaft und Sirup darübergeben und verrühren.

2 Die Cola dazugeben und warten, bis sich der Schaum aufgelöst hat. Die Sahne ganz fein hineingießen.

ROOT-BEER-FLOAT

1 Port. | 10 Min. | Leicht

Zutaten

2 Kugeln Vanilleeis
3 cl Rum
1 Dose Root Beer
Sprühsahne

Nährwerte p. P.

106 kcal
11 g Kohlenhydrate
2 g Fett
1 g Eiweiß

1 Das Glas im Gefrierfach kühlen. Zwei Eiskugeln dann hineingeben.

2 Mit Root Beer und Rum aufgießen und Sprühsahne darauf versprühen.

ORANGE-CREAM-FLOOT

1 Port. 10 Min. Leicht

Zutaten

4 Tassen Orangenlimonade
½ Tasse Wodka-Sahne
Vanille-Eiscreme

Nährwerte p. P.

320 kcal
80 g Kohlenhydrate
0 g Fett
0 g Eiweiß

1 Geben Sie die Limonade, Wodka und 2 Kugeln Vanilleeis in einen Mixer und vermischen es miteinander.

2 Gießen Sie alles in ein großes Glas und servieren es mit einer Eiskugel on top.

MINT JULEP

1 Port. | 5 Min. | Leicht

Zutaten

20 ml Minzsirup
30 ml Whiskey
2 Spritzer Angostura
Minze
Crushed Ice

Nährwerte p. P.

286 kcal
35 g Kohlenhydrate
0 g Fett
0 g Eiweiß

1 Ein Cocktailglas mit Crushed Ice auffüllen und Sirup und Whiskey darübergießen.

2 30 Sekunden verrühren, Schmelzwasser entstehen lassen. Angostura beimengen und zum Schluss mit Crushed Ice nochmals auffüllen. Mit Minze garnieren.

THANKSGIVING MARGARITA

2 Port. 5 Min. Leicht

Zutaten

1 Limette
1 Apfel
120 ml Birnensaft
120 ml Apple-Cider
90 ml Tequila-Gold
60 ml Orangenlikör
Eiswürfel
Salz

Nährwerte p. P.

216 kcal
23 g Kohlenhydrate
1 g Fett
0 g Eiweiß

1 Den gewaschenen Apfel in schmale Schnitze schneiden.

2 Einen tiefen Teller mit Salz füllen. Die Limette in Viertel schneiden und damit die Ränder der Gläser einreiben. Die feuchten Ränder dann in Salz tunken.

3 Geben Sie die Eiswürfel in Cocktailgläser und pressen den übrigen Saft aus den Limetten darüber.

4 In einem Cocktailshaker die restlichen flüssigen Zutaten kräftig durchschütteln. Diese Mischung auf die Gläser verteilen und die Apfelschnitze hineingeben

RASPBERRY LEMONADE |

HIMBEER-LIMONADE

10 Port. | 1 Std. 5 Min. | Leicht

Zutaten

200 ml Zitronensaft
125 g TK-Himbeeren
300 g Zucker
Eiswürfel
Mineralwasser
Frische Himbeeren
Zitronenscheiben

Nährwerte p. P.

209 kcal
51 g Kohlenhydrate
0 g Fett
0 g Eiweiß

1 Die TK-Himbeeren gemeinsam mit dem Zucker und dem Zitronensaft in einen Topf geben und erhitzen. Der Zucker soll sich auflösen.

2 Anschließend alles pürieren und den Sirup gut abkühlen und im Kühlschrank ruhen lassen.

3 Ein Glas mit 0,5 l Fassungsvermögen mit einer Handvoll Eiswürfeln auffüllen. Schneiden Sie eine halbe Zitrone in feine Scheiben. Eine Scheibe mit ein paar frischen Himbeeren ins Glas geben.

4 Das Glas zu 4/5 mit kaltem Mineralwasser auffüllen. Ganz langsam den Himbeersirup hineingießen und vorsichtig verrühren.

Sauces, Dips & Dressings

Soßen, Dips & Dressings

BBQ-SAUCE |

BBQ SOẞE

4 Port. 45 Min. Mittel

Zutaten

50 ml Wasser
100 ml Ketchup
200 g passierte Tomaten
2 Knoblauchzehen
1 Zwiebel
50 g Rotweinessig
1 TL Paprikapulver
Jeweils ½ TL Senf, Salz und Chiliflocken
50 g Rohrzucker
Öl

Nährwerte p. P.

112 kcal
25 g Kohlenhydrate
0 g Fett
1 g Eiweiß

1 Die Zwiebel und die Knoblauchzehen schälen und in feine Würfel schneiden. Anschließend in einer Pfanne mit heißem Öl glasig dünsten.

2 Geben Sie alle übrigen Zutaten hinzu und lassen es für 30 Minuten köcheln.

ONION-BACON-DIP |

ZWIEBEL-SPECK-DIP

4 Port. | 40 Min. | Leicht

Zutaten

1 Gemüsezwiebel
6 - 8 Baconscheiben, dick geschnitten
1 EL Honig
1 Bund Schnittlauch
150 g Crème fraîche
150 g saure Sahne
100 g Cheddar

Nährwerte p. P.

699 kcal
18 g Kohlenhydrate
56 g Fett
25 g Eiweiß

1 Schneiden Sie den Bacon in Streifen. Die Zwiebel schälen und gemeinsam mit dem Schnittlauch in feine Ringe schneiden.

2 Ohne Zugabe von Fett den Bacon bei mittlerer Temperatur kross anbraten. Den Bacon herausnehmen und abtropfen lassen. Stellen Sie die Temperatur herunter und lassen die Zwiebelringe und den Honig in der Pfanne 15 Minuten karamellisieren.

3 Den Schnittlauch gemeinsam mit dem Cheddar und allen anderen Zutaten zu einer Creme verarbeiten.

4 Sobald die Zwiebeln und der Bacon ausgekühlt sind, geben Sie beides zur Creme und lassen es ein wenig im Kühlschrank ziehen.

CHEESE-ONION-DIP |

KÄSE-ZWIEBEL-DIP

12 Port. 5 Min. Leicht

Zutaten

4 EL Parmesan, gerieben
4 EL Zwiebeln, gefriergetrocknet
¼ TL Knoblauchsalz
1 EL Brühpulver

Nährwerte p. P.

16 kcal
1 g Kohlenhydrate
0 g Fett
1 g Eiweiß

1 Vermengen Sie alle Zutaten miteinander. Diese Mischung anschließend luftdicht verschließen.

2 Nun haben Sie eine Dip-Grundlage. Diese können Sie lange lagern und bei Bedarf wird 1 EL mit 125 ml Sahne verrührt und 1 Stunde kalt gestellt.

CHILI-CHEESE-DIP |

CHILI-KÄSE-DIP

1 Port. 13 Min. Leicht

Zutaten

1 EL Mehl
2 EL Butter
80 g Cheddar, gerieben
300 ml Milch, kalt
80 g Salsa-Sauce
75 g Frischkäse
1 EL Branntweinessig
¼ TL Cayennepfeffer
Pfeffer und Salz

Nährwerte p. P.

915 kcal
27 g Kohlenhydrate
73 g Fett
37 g Eiweiß

1 In einem kleinen Topf Butter schmelzen lassen. Anschließend das Mehl langsam unterrühren.

2 Die Milch zum Ablöschen hinzugießen und zu einer feinen Masse verrühren. Nur mit kalter Milch werden Klumpen verhindert.

3 Den Cheddarkäse und den Frischkäse zur Sauce geben und unter ständigem Rühren schmelzen lassen.

4 Salzen, pfeffern und Essig und Cayennepfeffer unterrühren. Abschließend mit der Salsa-Sauce verfeinern.

SOUR CREAM DIP |

SAURE SAHNE DIP

6 Port. 15 Min. Leicht

Zutaten

100 g Schmand
250 g Magerquark
1 ½ EL Essig
½ TL Salz
½ EL Zucker
¼ TL Pfeffer
3 Knoblauchzehen
50 g Kräutermix, TK
200 g Zwiebeln, gehackt
2 EL Öl
2 ½ EL Sojasauce

Nährwerte p. P.

125 kcal
8 g Kohlenhydrate
7 g Fett
6 g Eiweiß

1 Den geschälten Knoblauch und die geschälten Zwiebeln fein hacken. Den Schmand mit dem Quark, den Kräutern, dem Knoblauch, Salz, Pfeffer, Zucker und Essig vermischen.

2 Etwas Öl in einer Pfanne erhitzen und die Zwiebeln darin dünsten. Zum Schluss mit der Sojasauce einkochen lassen.

3 Alles miteinander vermengen und in den Kühlschrank stellen.

SMOKEY BARBECUE SAUCE |

RAUCHIGE BARBECUE SOßE

6 Port. | 50 Min. | Leicht

Zutaten

240 g Ketchup
½ Zwiebel
60 ml Apfelessig
120 ml Wasser
1 EL Zitronensaft
1 EL Worcestershiresauce
5 EL Rohrzucker
½ TL Pfeffer
5 EL Zucker
½ EL Dijon-Senf
½ TL Tabasco
1 EL Zitronensaft
Öl

Nährwerte p. P.

455 kcal
109 g Kohlenhydrate
0 g Fett
3 g Eiweiß

1 Die Zwiebel schälen und in feine Würfel schneiden. In einem Topf Öl erhitzen und die Zwiebel darin dünsten.

2 Wasser, Zitronensaft, Tabasco, Apfelessig, Ketchup und Worcestershiresauce hinzufügen und zum Kochen bringen.

3 Alle übrigen Zutaten dazugeben und verrühren. Die Temperatur auf die mittlere Stufe stellen und 50 Minuten einkochen lassen. Hin und wieder umrühren.

BUTTERSCOTCH-SAUCE |

BUTTERTOFFEESAUCE

1 Port. 15 Min. Leicht

Zutaten

80 ml Sahne
60 g Rohrzucker
1 Prise Meersalz
2 EL Butter

Nährwerte p. P.

589 kcal
62 g Kohlenhydrate
36 g Fett
1 g Eiweiß

1 Butter, Sahne und Zucker gemeinsam in einen Topf geben. Bei mittlerer Stufe erhitzen und unter Rühren auflösen lassen.

2 Die Hitze herunterdrehen und 5 Minuten köcheln lassen.

3 Den Topf vom Herd nehmen, Salz dazugeben und auskühlen lassen.

BLUE CHEESE DRESSING |

GORGONZOLA-DRESSING

4 Port. | 5 Min. | Leicht

Zutaten

100 g Magerjoghurt
75 g Gorgonzola, mild
½ TL Senf, scharf
75 g Mayonnaise
¼ TL Knoblauchgranulat
75 ml Milch
Pfeffer und Salz

Nährwerte p. P.

230 kcal
2 g Kohlenhydrate
21 g Fett
5 g Eiweiß

1 Den Gorgonzola mithilfe einer Gabel in den Joghurt hineindrücken.

2 Senf, Milch und Mayonnaise beigeben und vermischen.

3 Alle Gewürze dazugeben und abschmecken.

THOUSAND ISLAND DRESSING

6 Port. | 40 Min. | Leicht

Zutaten

2 EL Tomatenketchup
125 g Mayonnaise
125 g Joghurt
3 Spritzer Tabasco, rot
2 EL Milch
½ Paprika, rot
2 TL Zitronensaft
½ TL Paprikapulver, edelsüß
Pfeffer und Salz
1 Zwiebel
3 Cornichons

Nährwerte p. P.

189 kcal
5 g Kohlenhydrate
17 g Fett
2 g Eiweiß

1 Die Paprika, die Cornichons und die Zwiebel in feine Würfel schneiden. Diese Würfel mit allen übrigen Zutaten vermengen.

2 Mit Zitronensaft, Pfeffer, Salz und Tabasco abschmecken. 30 Minuten kalt stellen.

RANCH DRESSING

1 Port. 5 Min. Leicht

Zutaten

200 ml Buttermilch
200 g Mayonnaise
200 g Joghurt
1 Zwiebel
Je 1 Bund Petersilie, Liebstöckel, Schnittlauch
Saft von ½ Zitrone
Pfeffer und Salz
1 Knoblauchzehe

Nährwerte p. P.

2.013 kcal
54 g Kohlenhydrate
181 g Fett
39 g Eiweiß

1 Die Kräuter, den Knoblauch und die Zwiebel ganz fein hacken.

2 Verrühren Sie alle Zutaten in einer Schüssel miteinander. Pfeffern und salzen.

PIZZA-DIP MIT KNOBLAUCHBROT

4 Port. | 45 Min. | Mittel

Zutaten

1 Knoblauchzehe
150 g Frischkäse
2 EL Olivenöl
1 Rolle Fertigteig „Sonntagsbrötchen“
125 g Mozzarella, gerieben
20 g Parmesan, gerieben
100 g Ricotta
6 EL Pizzasauce
8 Kirschtomaten
Jeweils 1 Prise Oregano und Chili

Nährwerte p. P.

372 kcal
12 g Kohlenhydrate
28 g Fett
16 g Eiweiß

1 Heizen Sie den Backofen auf Ober-/Unterhitze und 180 °C vor und fetten Sie eine ofenfeste Pfanne gut ein.

2 Den Fertigteig öffnen und die Brötchen abtrennen und dann nochmals halbieren. Aus den Teigportionen Kugeln formen und am Rand der Pfanne anordnen. Die Knoblauchzehen zerdrücken und mit dem Öl vermengen. Mit diesem Knoblauchöl die Teiglinge einpinseln.

3 Den Ricotta mit dem Frischkäse und der halben Portion des Mozzarellas verrühren. Mit Oregano und Chili abschmecken. Diese Käsemischung in der Kranzmitte einfüllen, die Pizzasauce darauf verteilen. Den übrigen Mozzarella darüberstreuen.

4 Schneiden Sie die Kirschtomaten einmal durch und verteilen diese auf dem Käse, den Parmesan darüberstreuen. 30 Minuten backen.